Für Marena

Vorwort

Beschäftigt man sich mit dem Digitalen Wandel, dann kann es ausgesprochen lehrreich sein, die gewohnte Perspektive einmal um 180 Grad zu drehen. So fragte sich vor einigen Jahren der Soziologe Armin Nassehi, für welches Problem die Digitalisierung eigentlich die Lösung sei, und kam zum Schluss, das Digitale sei letzten Endes ein soziologisches Projekt, das schon längst vor dem Aufkommen elektronischer Computer begonnen habe.

Wir gehen hier noch einen Schritt weiter. Digitalrechner gab es nämlich bereits lange, bevor der Strom erfunden wurde – in der Tat feiern wir dieser Tage den 400. Geburtstag des Computers. *Wenn aber der Computer die Antwort ist, was war dann eigentlich die Frage? Und was sind umgekehrt die Fragen heute, die wir dem Computer anvertrauen sollten – oder auch nicht?*

Die Antwort ist vielschichtig, und so erweist sich dieses Buch als Kaleidoskop des Digitalen. Amüsante Anekdoten aus der Informatik und ihrer Geschichte wechseln sich dabei ab mit philosophischen Betrachtungen zum Wahren, Schönen und Guten sowie spontanen Ausritten gen Kunst und Musik. Kant dient als Kompass ebenso wie Günther Anders und Max Frisch, und zusammengehalten wird all dies von einer Urenkelin der berühmten Schildkröte, die in „Gödel–Escher–Bach“ 1979 erstmals die Bühne der informatischen Literatur betrat. Ihr Wettlauf mit Achilles erweist sich dabei als zentrale Metapher für das Verhältnis von Mensch und Technik wie auch für eine *Anti-Kopernikanische Wende*, welche die Frage nach dem Menschen ins Zentrum des Digitalen Wandels rückt.

Dieses Buch gäbe es nicht ohne die Unerbittlichkeit von Mona Müry – ich habe ihr nicht nur den Anstoß dazu, sondern auch jede Menge konstruktiver Impulse zu verdanken, ebenso wie den vielen Kollegen und Kolleginnen von COSY&Friends, die mich tagein, tagaus in fruchtbarem Austausch und Dialog begleiten. (Bei dieser Gelegenheit gleich auch eine Bemerkung zur weitgehenden Verwendung des generischen Maskulins: Es muss hoffentlich nicht extra erwähnt werden, dass damit stets jedermann, jedefrau und jede* ohne welchen Unterschied auch immer gemeint ist.)

Da ein Buch nicht vom Text allein lebt, sondern auch von jedem Bild darin, erstreckt sich mein Dankeschön auch an Ariane Walsdorf, Curt A. Herzstark und Hansjörg Nipp, Krassimir Stoyanov, Jens Puhle, die Universität Tübingen, das Kunsthistorische Museum Wien, das Württembergische Landesmuseum Stuttgart, das Arithmeum Bonn, das Computing History Museum Mountain View (CA) und das CNAM Paris für die großzügige Überlassung der entsprechenden Rechte. Von Doug Hofstadter habe ich schließlich viel über das Schreiben unkonventioneller Bücher gelernt, und unsere gegenseitigen Sabbaticals werden mir unvergessen bleiben.

All dies verblasst jedoch vor der Unterstützung durch meine Frau und Muse Marena, die mir nicht nur unermüdlich den Rücken freihält, sondern stets und allerorten größte Inspiration und schonungslose Kritikerin zugleich ist. Ihr gilt mein ganz besonders inniger Dank, und ihr sei dieses Buch gewidmet.

Wien, 20. September 2023 Peter Reichl

Inhalt

Ich kann nur berichten, was ich weiß.

(Max Frisch, Homo faber)

Dieses Plädoyer für den Weiterbestand einer menschlicheren Welt habe ich geschrieben, als manche meiner eventuellen Leser noch nicht das gleißende Licht unserer düsteren Welt erblickt hatten [...] Ich schließe mit dem leidenschaftlichen Wunsch für sie und ihre Nachkommen, daß keine meiner Prognosen recht behalten werde.

(Günther Anders, Die Antiquiertheit des Menschen 1)

Dies ist ein Loblied auf die Schule, aber es kann sein, dass die Schule es nicht merkt.

(Heinrich Spörl, Die Feuerzangenbowle)

Einleitung: Wie man eine KI entzaubert, oder: Bildung macht Schule

Ich besitze eine Reihe von Computern. Für einen Informatiker ist das nicht ungewöhnlich. Mein Lieblingsrechner heißt Dr. Nim. Er kam in einer Pappdeckelschachtel an, auf der ein Papa mit seinen zwei Kindern zu sehen ist, wie sie sich voll Begeisterung einem Computerspiel widmen. Die drei sitzen vor einer Art Konsole mit ein paar Hebeln, der Junge dreht gerade an einem davon, dahinter hängt an der Wand ein Bild mit zwei Gewehren. Sie spielen Nim.

Nim ist ein sehr altes Spiel, man sagt, chinesischen Ursprungs. Es gibt ein paar Varianten davon, hier ist eine sehr einfache: Man nehme 14 Murmeln, 13 davon blau und harmlos, die 14. Murmel aber gelb – die „böse Murmel". Zwei Spieler wechseln sich ab: der eine nimmt eine, zwei oder drei Murmeln, dann ist der andere an der Reihe und nimmt ebenfalls eine, zwei oder drei Murmeln. Das geht so hin und her, bis einer der beiden die böse Murmel nehmen muss und verloren hat.

Wenn es um Künstliche Intelligenz (KI) geht, verwendet man solche Strategiespiele oft als Gradmesser dafür, wie gut Rechner bereits „denken" können. Als Garri Kasparow, damals Schachweltmeister, 1996 eine Partie gegen den Computer *Deep Blue* verlor, erregte dies in der Öffentlichkeit großes Aufsehen. 2016 dann gelang einem Computer in dem ungleich komplizierteren Spiel *Go* der Sieg gegen Lee Sedol, lange Zeit bester Spieler der Welt. Und auch Dr. Nim gewinnt fast immer, wenn man gegen ihn antritt. Doch es gibt dabei eine Besonderheit.

Denn Dr. Nim ist aus Plastik.

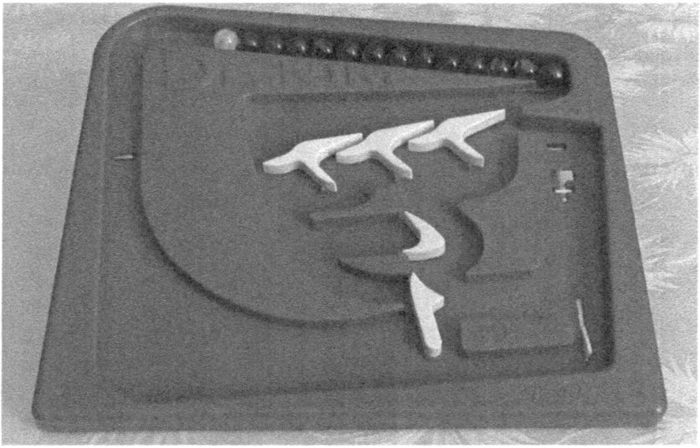

Dr. Nim in der Ausgangsposition: Er hat in diesem Fall den ersten Zug (der Zeiger unten Mitte ist auf links, also „Dr. Nim“, gestellt), und noch sind alle 14 Murmeln (13 gute, eine „böse“) oben beisammen. Das Spiel beginnt, sobald der Hebel rechts einmal gedrückt wird.

Sieht man sich dieses wunderliche Gerät etwas genauer an, so besteht es im Wesentlichen aus einer schräg aufgestellten roten Plastikplatte, auf der ein paar charakteristisch geformte weiße Klappen montiert sind. Rollt eine Murmel auf ihrem Weg von oben nach unten über so eine Plastikklappe, wird diese durch das Gewicht der Murmel verstellt. Ein beweglicher Zeiger unten in der Mitte weist sodann entweder links auf „Dr. Nim“ oder rechts auf den „Player“. Steht er rechts, kann man als Spieler ein-, zwei- oder dreimal auf den Hebel rechts unten drücken, was jeweils oben eine Murmel auslöst. Ist man fertig, stellt man den Zeiger zurück auf „Dr. Nim“ und drückt ein letztes Mal auf den Hebel rechts. Jetzt ist Dr. Nim dran, und auf magische Weise laufen eine, zwei oder drei Murmeln durch den Mechanismus, bis am Ende der Zeiger wieder auf „Player“ steht. Und das ist auch schon alles – kein Motor, kein elektronisches Bauteil, nichts dergleichen (sollte sich das jemand genauer ansehen wollen: Auf https://www.homocyber.at gibt es ein Video dazu unter dem Titel „Was Sie schon immer über Dr. Nim wissen wollten...“[1]).

Ich halte seit Jahren an der Universität Wien die Einführungsvorlesung „Grundlagen der Technischen Informatik“, in der es vor allem um Hardware geht, also darum, wie ein Stück Silizium zusammen mit ein bisschen Strom ganz alleine Berechnungen ausführen und logische Entscheidungen treffen kann[2]. Oft bringe ich dabei Dr. Nim in die erste Vorlesung mit und lasse Studierende dagegen antreten. Der Grund ist einfach: Um Technologie zu verstehen, muss man sie zunächst entzaubern, und das kann einem kaum eindrücklicher gelingen, als wenn ein Mensch ein banal scheinendes Spiel gegen ein banales Stück Plastik verliert. Und verliert. Und verliert.

Dabei spielt Dr. Nim gar nicht gegen den Menschen. Dr. Nim spielt überhaupt nicht. Seine Klappen bewegen sich rein aufgrund der Schwerkraft, sobald eine Murmel darüber rollt. Das ist alles. In Wirklichkeit sind wir es, die diesem Geschehen eine Bedeutung zuschreiben. Unsere Entscheidung, selbst zu beginnen oder Dr. Nim anfangen zu lassen, interpretieren wir als ersten Zug in einem Spiel. Alle weiteren Aktionen interpretieren wir wieder als Züge, hinter denen wir jedenfalls eine Strategie vermuten – man will ja gewinnen, und dasselbe unterstellen wir Dr. Nim. Und wenn wir dann verlieren, schreiben wir dies allzu schnell einem denkerischen Vermögen zu, das uns offenbar gegenübersitzt.

Der entscheidende Moment ist gekommen: Der Spieler ist am Zug und hat soeben die fünftletzte Murmel ausgelöst; sie rollt gerade herunter. Ganz egal, was er danach macht, Dr. Nim wird souverän kontern, und danach wird für ihn nur noch die „böse“ Murmel übrigbleiben …

Es ist äußerst interessant, die Studierenden bei dieser Erfahrung zu beobachten. Das erste Spiel gehen sie sehr optimistisch an und stutzen erst, wenn sie es verloren haben. Dann beginnen sie, von dem Mechanismus wie von einer Person zu reden: „er“ macht jetzt dies oder das, „er“ nimmt eine Murmel oder noch eine (interessanterweise ist Dr. Nim niemals eine „sie“). Wenn sie es dann ein paar Mal versucht haben, geben sie meist schon auf, sobald ihnen Dr. Nim noch *genau fünf* Murmeln übrig lässt. Denn nehmen sie dann eine Murmel, nimmt „er“ drei, bei zweien nimmt „er“ zwei, bei dreien aber nur eine, so dass die Summe in jedem Fall vier ergibt und Mensch daher am Schluss auf der bösen Murmel sitzen bleibt. Wohlgemerkt: Die Studierenden warten nicht erst ab, ob das auch tatsächlich passiert (Dr. Nim könnte ja noch Fehler machen), sondern geben das Spiel an dieser Stelle schon verloren.

Zur Ehrenrettung meiner Studierenden sei festgehalten, dass nach kurzem Nachdenken der eine oder die andere auf den Kniff kommt, der hinter einer erfolgreichen Strategie steckt: Man muss einfach nur dafür sorgen, dass nicht der Spieler, sondern Dr. Nim drankommt, wenn noch genau fünf Murmeln da sind. Und wie kriegen wir das hin? Nun ja, indem wir dafür sorgen, dass Dr. Nim drankommt, wenn noch neun Murmeln da sind. Dann kann man nämlich nach derselben Logik erst einmal abwarten, was „er" macht, und die von Dr. Nim gewählte Anzahl auf vier ergänzen, damit „er" dann wieder bei fünf Murmeln dran ist. Weil das in Viererschritten so weitergeht, gilt das auch für dreizehn Murmeln, und genau das müssen wir am Anfang hinbekommen. Halten wir uns dann konsequent an die Strategie, stets den letzten von Dr. Nim gemachten Zug auf vier zu ergänzen, dann werden wir gewinnen. Sobald wir aber einmal einen Fehler machen, ist Dr. Nim unerbittlich.

Es mag auf den ersten Blick ungewohnt klingen, Dr. Nim einen Rechner, gar einen digitalen Computer zu nennen. Dennoch ist er genau das, denn seine Plastikklappen sind nichts anderes als Bits (links = 0, rechts = 1). Digital hat nämlich nichts damit zu tun, dass ein Rechner elektronisch arbeitet – das Wort kommt vom lateinischen „digitus" = Finger, und heißt zunächst einfach *Rechnen wie mit Fingern*: eins, zwei, drei, vier, fünf... Entscheidend ist vielmehr, dass diese Zahlen *diskret* sind, also einen Abstand zueinander haben. Digital hat auch nichts mit dem Binärsystem zu tun, in dem wir jede Zahl nur mit den beiden Ziffern 0 und 1 darstellen können. Selbst frühe elektronische Rechner, wie etwa das von Heinz

Zemanek 1958 in Wien gebaute *Mailüfterl*, verwendeten ganz selbstverständlich unser wohlbekanntes Dezimalsystem. Und schließlich geht es bei digital auch nicht um Strom. Digitalrechner gibt es seit 400 Jahren, und den ganz überwiegenden Teil dieser Zeitspanne handelte es sich um rein mechanische Rechenmaschinen, meist mit einer Handkurbel als Antrieb und innen drinnen jeder Menge Zahnräder.

Meine Faszination für derartige Geräte rührt vor allem daher, dass man an mechanischen Rechnern viel leichter sehen kann, was im Inneren eigentlich passiert. All das, was sich sonst in irgendwelchen geheimnisvollen elektronischen Schaltungen versteckt, liegt hier offen vor unseren Augen: Algorithmen, in Metall (oder Plastik) gegossen, denen man bei der Arbeit zusehen kann.

Und es gibt noch einen zweiten Punkt, der mechanische Rechner so faszinierend macht: ihre Erfinder. Denn wir dürfen eines nie vergessen: Rechnertechnologie fällt nicht vom Himmel – wir machen sie. Wir Menschen machen sie, und das verbindet jede solche Erfindung unzertrennlich mit dem Schicksal ihres Schöpfers. Unter den Computerpionieren waren geniale Köpfe, die sich buchstäblich zu Tode erfunden haben, und andere, denen ihre Erfindung ebenso buchstäblich das Leben rettete. All diese Schicksale sind eingraviert in die jeweilige Technologie, finden sich wieder in der „DNA" der Maschinen (wenn diese Metapher erlaubt ist). Dieser Blick auf historische Entwicklungen weitet von ganz allein unsere Perspektive auf den Digitalen Wandel, denn wenn es das Digitale schon so lange gibt, kann auch der Wandel nicht erst ein Kind unserer Tage sein.

Diesen Gedanken hat vor kurzem der Soziologe Armin Nassehi aufgegriffen: Wenn digital die Antwort ist, was war dann eigentlich die Frage? In seinem Buch *Muster* verortet er den Beginn des Digitalen in der Mitte des 19. Jahrhunderts, als zum ersten Mal Statistiken verwendet wurden, um die Gesellschaft (vor allem in den rapide anwachsenden Städten) zu organisieren[3]. Dabei übersieht Nassehi allerdings zweierlei: Zum einen deckt seine Gleichsetzung von digital mit *Big Data* lediglich eine Facette des Digitalen Wandels ab. Zum anderen haben wir gesehen, dass die Ursprünge der digitalen Rechnerei historisch noch weiter zurückgehen. Daher wollen wir seinen Ausgangspunkt in zweierlei Hinsicht erweitern: Wenn der *Computer* die Antwort ist, was war dann die Frage? Und vor allem: Was sind dann die Fragen *heute*?

Denn solche gibt es viele angesichts des digitalen Tsunami, der mehr und mehr in unsere Lebenswelt einzubrechen scheint, sofern er sie nicht schon unter Wasser gesetzt hat. Was können wir heute noch gesichert wissen, wenn Fake News und Desinformation den öffentlichen Diskurs beeinflussen? Was sollen wir angesichts dessen tun, um uns in unserem Menschsein zu bewahren? Und was dürfen wir vielleicht auch hoffen, auf dem Weg in eine lebenswerte Zukunft – mit oder notfalls auch trotz der rapiden technologischen Entwicklungen?

Unversehens sind wir so bei den drei Fragen gelandet, die schon Immanuel Kant vor 250 Jahren in seiner *Kritik der reinen Vernunft* als entscheidend für das Nachdenken über unser Menschsein formulierte[4]: *Was können wir wissen? Was sollen wir tun? Was dürfen wir hoffen?* Und dann, an anderer Stelle[5], wiederholt und ergänzt er sie um eine vierte, noch fundamentalere: *Was ist der Mensch?* Es sind diese Fragen, denen sich *Homo cyber* heute dringend stellen muss; sie haben über die Jahrhunderte nichts von ihrer Brisanz verloren. Damit nicht genug, stellen sich aber auch neue: Was bedeutet Glück im Digitalen Wandel? Hilft uns das Digitale bei so etwas wie der Suche nach Sinn? Nach Achtsamkeit? Und wird unser Leben in dieser digitalen Welt wirklich noch leichter, als es sowieso schon ist, oder werden wir darin endgültig in einer Dauerschleife zwischen Couch, Toilette und Smartphone enden und von der Wiege bis zur Bahre nur noch von einer Fernbedienungs-App zur nächsten wechseln?

Denn die Zeit des digitalen Welpenschutzes ist vorbei, und die Maschinen erobern sich ihre Netze wieder zurück, wie dies Yvonne Hofstetter formulierte[6]. Nach Jahrzehnten, die geprägt waren von spielerischer Erkundung des Neuen, das mit dem Digitalen in unsere Welt Einzug hielt, lehrt uns spätestens die dramatische Entwicklung seit der Veröffentlichung von ChatGPT, dass viel mehr auf dem Spiel steht, als wir die ganze Zeit wahrhaben wollten. Auch wenn wir dieser Technologie Intelligenz natürlich nur zuschreiben, genauso wie wir es eingangs bei Dr. Nim taten, sind die Konsequenzen für unsere Lebens- und Arbeitswelt doch ungleich gewichtiger als alles bisher digital Dagewesene. So gesehen lässt sich der Aufstieg der KI vielleicht am ehesten mit der Erfindung der Atombombe vergleichen, von der Günther Anders seinerzeit sagte, sie leite die letzte Epoche der Menschheit ein, da wir die Möglichkeit unserer Selbstauslöschung nie mehr wieder loswerden könnten, es sei denn durch das Ende selbst[7].

Wir machen den Digitalen Wandel aber nicht nur, wir lassen uns auch auf ihn ein. Das nun betrifft vor allem *Homo cyber* als Bewohner dieser wundersamen virtuellen Welt. Hier noch eine coole App mehr, dort noch ein hippes Endgerät, und schon sieht er sich auf der Insel der Seligen. Dazu kommt, dass er sich keineswegs auf die Rolle des Konsumenten beschränkt, sondern zugleich als Produzent an der Herstellung seiner eigenen Welt und der seiner Umgebung direkt beteiligt ist. Was dies im Hinblick auf Überwachungskapitalismus und Aufmerksamkeitsökonomie bedeutet, haben Berufenere als ich bereits berichtet[8]. Doch wie sollen, wie können, wie dürfen und wollen wir damit umgehen?

Auf diese Frage gibt es eigentlich nur eine Antwort: Über unser Wohl und Wehe wird nicht nur entscheiden, wo und wie wir digitale Technologie in unser Leben lassen, sondern auch, was wir darüber wissen und wieviel wir davon verstehen. So gesehen stellt digitale Bildung vielleicht die größte Zukunftsaufgabe überhaupt dar.

Was mit ihr allerdings genau gemeint und wie sie zu erreichen ist, darüber finden sich bislang kaum mehr als verschwommene Vorschläge. Sollen die Kinder möglichst früh programmieren lernen, wie es manche Informatiker fordern? Geht es vor allem darum, mit sozialen Netzwerken sinnvoll umzugehen, wie es aus der Medienecke tönt? Ist es schon genug, jedem Schulkind einen Laptop in die Hand zu drücken, wie die Politik meint? Oder gibt es, nach einem Bonmot Rudolf Taschners, das Schulfach „Digitale Kompetenz“ schon immer, es heißt nur anders, nämlich Mathematik[9]?

Keiner dieser Standpunkte ist einfach von der Hand zu weisen, und genau deshalb müssen wir darüber reden. Hinzu kommt noch, dass meiner Überzeugung nach einem guten Informatiker neben C++ und Integralrechnung auch Latein und Philosophie und sogar ein bisschen Klavierspielen gut zu Gesichte stehen, selbst wenn dem pragmatischen Solutionismus unserer Zeit kaum etwas ferner zu liegen scheint als das.

Reden müssen wir aber auch über den Ort dieser Vermittlung. Können wir unserem überladenen Schulsystem überhaupt noch etwas hinzufügen? Was ist die Rolle der Universitäten und anderer öffentlicher Bildungseinrichtungen? Oder braucht es völlig neue Lehr- und Lernwege?

Schließlich steht auch unser Bildungsverständnis selbst auf dem Prüfstand. Humboldts Idee einer breit angelegten und an humanistischen Prinzipien ausgerichteten *Bildung*[10] ist längst abgeschrieben und Adornos Konzept einer *Halbbildung* als bürgerlicher Abklatsch davon[11] ebenso überholt. Das veranlasste Konrad Paul Liessmann vor einigen Jahren, den „Umgang mit Wissen jenseits jeder Idee von Bildung"[12] als *Unbildung* zu definieren, aber sogar diese scheint mit dem Auftauchen von ChatGPT gefährdet. Wenn wir aber Barbara Schneider-Taylor folgen und Bildung weiterhin als „Leitbegriff der Konstituierung der modernen Gesellschaft und ihrer ökonomisch-politischen Umstrukturierung"[13] verstehen, stellt sich sofort die Frage: Was kommt danach? Und wäre es nicht längst an der Zeit, jegliche Scheuklappen abzulegen, um zum eigentlichen Kern von Bildung und Wissen zu finden?

Hoffentlich kann dieses Buch einen kleinen Beitrag dazu leisten. Entstanden zum 400. Geburtstag des ersten digitalen Computers, der 1623 von Wilhelm Schickard gebaut wurde, verschränkt es die Frage nach Wissen, Bildung und Unbildung im Digitalen Wandel mit der Idee einer *Anti-Kopernikanischen Wende* und eines *Digitalen Humanismus*. In immer wieder neu variiertem Bezug auf *Homo faber*, jenen „Bericht", in dem sich Max Frisch 1957 auf die Suche nach dem Wesen des Ingenieurs begab[14], verknüpft es das Innerste des Digitalen mit fundamentalen Fragen von Wahrheit, Verantwortung, Kommunikation, Politik und Gesellschaft. Weiterhin trägt es (zu meiner Überraschung, denn beabsichtigt war das nicht) manche autobiographische Züge, mit der einen oder anderen Episode aus dem Leben eines Informatikers, der seiner Disziplin trotz gelegentlicher Skepsis mit kritischem Wohlwollen gegenübersteht und zugleich durchdrungen ist von seiner Aufgabe als Hochschullehrer, aller Welt zu vermitteln, wie genial das eigentlich ist, was sich vor unseren Augen gerade abspielt. Deshalb wird in diesem Buch auch manches über Informatik zu erfahren sein, und zudem in kurzen biographischen Skizzen einiges über diejenigen, denen wir sie verdanken. Schließlich sollen auch Humor und Musik nicht zu kurz kommen, denn ein Leben ohne sie wäre – frei nach Loriot – zwar möglich, aber sinnlos, und das gilt ebenso für dieses Buch.

Der Lauf unserer Überlegungen wird sich dabei zunächst an der sokratischen Trias des Wahren, Guten und Schönen orientieren, bevor wir uns mit Kant dem Menschen zuwenden. Im Zusammenspiel mit spontanen Exkursen und diversen Schlaglichtern auf 400 Jahre Computergeschichte ergibt sich daraus ein buntes Kaleidoskop des Digitalen.

Zuvor jedoch, wie es sich für einen anständigen Bericht gehört, noch ein Prolog, vorgetragen von der leicht dystopisch angehauchten Schildkröte des Autors, welche – man mag es glauben oder nicht – auf den Namen *Zarathustra* hört.

Vorhang auf!

Achilles:
Was geschah also?
Kam die Erde zum Stillstand?
Brach das Universum zusammen?

Schildkröte:
Nein. Das System stürzte ab.

(Douglas Hofstadter, Gödel–Escher–Bach[15]*)*

Prolog: Achilles und die digitale Schildkröte

Wir starteten in LaGuardia[16]. Mehr als zweieinhalb Jahrtausende waren seit jenem ersten Mal vergangen, da man uns beide im alten Griechenland zum Wettlauf lud: Achilles, den schnellsten Läufer der Antike, und mich, die Schildkröte Zarathustra, ehrlich gesagt nicht gerade für ihre Fitness bekannt. Und doch war ich mir meiner Sache sicher: Mein Gegner hatte mir in seiner Überheblichkeit 100 Meter Vorsprung zugestanden – und damit prompt auch schon verloren. Denn bis er die 100 Meter lief, war ich ja schon einen Meter weiter, und in der Zeit, die er für diesen Meter brauchte, kroch ich schon wieder einen Zentimeter, und so ging das immer weiter – er konnte mich niemals einholen … Dachte ich zumindest.

Das Rennen wurde zum Desaster. Nicht nur, dass Achill meine unfehlbare Logik egal war und er mich schon nach wenigen Sekunden erreichte. Nein, damit nicht genug: Er lief weiter und immer weiter, bis ich ihn am Horizont aus den Augen verlor. Soweit hatte nicht einmal Zenon von Elea kalkuliert, der die Geschichte danach solange als „sein" Paradoxon erzählte, bis er selbst dadurch unsterblich wurde.

Dass ich seither nur noch von Revanche träumte – wer will es mir verdenken? Doch in der realen Welt, soviel war klar, würde sie mir nicht gelingen. So wartete ich ungeduldig auf die Entstehung einer neuen, und das Warten wurde belohnt: aus analog wurde digital, aus Italien wurde Digitalien[17], und aus einer antiken Arena das virtuelle Schlachtfeld zukünftiger Cyberkriege. Ich witterte meine zweite Chance.

Diesmal wollte ich aber wirklich nichts anbrennen lassen, und so schloss ich mich einer russischen Hackertruppe an – sie seien, sagte man mir, die besten. Wir starteten also in LaGuardia, dem Stadtflughafen von New York, benannt nach Fiorello La Guardia, der die Stadt als Bürgermeister durch den Zweiten Weltkrieg führte (und dessen Vater zufällig Achille hieß). Es ging um drei Uhr morgens los, am 10. Oktober 2022. Wir hatten uns für einen DDoS-Angriff entschieden. Was das ist? Nun ja, so eine Art virtueller Tsunami, den man mit Hilfe gekaperter Rechner im Internet produziert und der schlecht geschützte Server solange mit Nachrichten überflutet, bis sie zusammenbrechen. Es lief ganz gut für uns, eine geschlagene Viertelstunde war die Webseite des Flughafens down, bis die IT dort überhaupt mal etwas merkte. Wir waren ihnen bis dahin natürlich längst entwischt und brachten jetzt die größten Flughäfen des Landes durcheinander, Atlanta, Los Angeles, Denver, wir kamen bis Chicago[18]*. CNN verkündete schon das Ende der Welt, also nicht ganz, aber zumindest staunte man doch einigermaßen, wie verletzlich Amerika gerade aus der Wäsche schaute. Bis Mittag ging das so weiter, dann schlugen sie zurück, na ja, war zu erwarten. Irgendwann waren dann alle Löcher gestopft, und wir rannten nur noch gegen Firewalls. Aber immerhin:* „Manch giftiger Mischmasch geschah in unsern Kellern, manches Unbeschreibliche ward da getan.“[19]

Also sprach *Zarathustra*. Derweil stellte CNN fest, dass diese Cyberattacke nur eine der harmloseren Sorte gewesen sei, da sie die Webseiten und nicht die eigentlich wichtigen IT-Systeme der Flughäfen betroffen habe. Ab da war es auch nicht mehr als eine kurze Meldung wert und am nächsten Tag schon wieder vergessen.

Vergessen? Merkst Du, Homo cyber, wie schnell Du vergisst? Erinnerst Du Dich noch an die Meldung, dass die Daten von über 500 Millionen Facebook-Nutzern frei im Netz kursieren, Telefonnummern inklusive[20]*? 500 Millionen! Siehst Du überhaupt, wie alltäglich Hackerangriffe auf kritische Infrastrukturen geworden sind? Mehr als tausend Cyberattacken, die in Österreich pro Woche allein auf Bundesregierung und Heer einprasseln – ein Angriff alle zehn Minuten, rund um die Uhr*[21]*! Und hast Du auch nur einen Gedanken an die Quantencomputer verschwendet, die vor der Tür stehen und die Verschlüsselung im Internet wertlos machen werden? Oder lässt Du Dich lieber wieder und wieder einlullen, wenn jede dieser Katastrophen als bedauerlicher Einzelfall deklariert wird, verbunden mit dem Hinweis, so etwas käme jetzt ganz bestimmt nie mehr vor. Ach ja,* „selig die Schläfrigen, denn sie sollen bald einnicken“[22].

Doch ganz im Gegenteil, *Homo cyber* war ob dieser Gardinenpredigt hellwach. Also sprach *Zarathustra* weiter:

Wenn aber hier schon im Wettlauf Katze und Maus, Hase und Igel, Achill und meine chelonische Wenigkeit fröhliche Urstände feiern, wie mag das erst sein, wenn es ums große Ganze geht? Wirst Du dann aus meinen Fehlern lernen? Oder ist dieser Wettlauf am Ende gar die Urerfahrung des Digitalen Wandels schlechthin? Dieses Digitalen Wandels, der einst so viel Gutes bringen wollte.

Ach, wohin sind die Tage Tobiae, da Du noch glauben konntest, die Welt werde jetzt soviel einfacher, demokratischer, inklusiver, mit Bildung für jedermann und Transparenz für jedefrau. Weißt Du, was daraus ward? In sich rollendes Rad, oder alles überrollende Monsterwelle? Und schlimmer noch: Digitaler Wandel kommt ja nicht, Du machst ihn auch! Bit für Bit und App für App, angeblich immer im Dienst an Wohlstand und Fortschritt. Che illusione! Negroponte schon hat gelehrt, dass digitale Ökonomie auf der Transformation von Bits beruht, genauso wie die industrielle Ökonomie auf der von Materie[23]*. So kam man darauf, das permanente Wachstum, das in der analogen Welt an Grenzen stieß, durch den Übergang ins Digitale weiter und weiter zu treiben. Blöd nur, dass digital eben nicht umsonst ist. Selbst das kleinste Bit braucht Energie, und viel digitales Kleinvieh macht auch analogen Mist. Schau Dir nur mal Bitcoin an: 2018 erregte die Meldung großes Aufsehen, Bitcoin verbrauche auf Island bereits mehr Energie als alle Haushalte dort zusammen – keine zwei Jahre später war es dann schon mehr als der Stromverbrauch von ganz Österreich, und heute gar …*[24]*?*

Natürlich wirst Du sagen, die digitale Wertschöpfung sei dafür toll, effizient, sparsam. Ach, Homo cyberchen, wäre das nur so einfach! Hast Du auf meine Geschichte mit Achill vergessen? Was im Kleinen logisch scheint, lässt sich eben nicht so mir nichts, dir nichts aufs große Ganze übertragen. Merk Dir das! Der Glaube, man bräuchte nur alles viel kleiner und schneller machen und könne damit die Grenzen des Wachstums einfach wegschieben, ist eine Illusion, nur diesmal in gigantischer Potenzierung. Und sie kann ganz schnell in die globale Hose gehen.

Schon lugt die nächste Gretchenfrage ums Eck: Wie hältst Du's mit Innovation? Natürlich war eine App praktisch, die in Kaliforniens taxilosen Weiten spontane Mitfahrgelegenheiten organisierte, aber Uber brauchte danach keine zwei Jahre, um überall auf der Welt Taxifahrer in den Ruin zu treiben. Und auch Zuckerberg hatte ursprünglich nur die Vernetzung seiner Harvard-Clique im Sinne, bevor er sich entschied, damit gleich die ganze Welt zu beglücken und zu einem besseren Ort zu machen – mit allseits bekannten Facebook-Folgen.

Und wenn Digital und Analog erst aufeinandertreffen? Das Bitcoin-Mining etwa, von dem noch immer überall zu lesen ist, es sei mit der Lösung schwierigster kryptografischer Probleme verbunden. Willst Du, Homo cyber, die Wahrheit wissen? Die „kryptografischen Probleme" werden nicht durch Rechnen, sondern durch banales Würfeln gelöst, ohne jeden Sinn und Zweck außer dem, der weiten Welt den betriebenen Aufwand zu demonstrieren. Bitcoin spielt Lotto als global sichtbaren Zeitvertreib. Das ist so, als stünde man, in einem Ferrari sitzend, im Leerlauf mit Vollgas vor einer roten Ampel, weil man erst weiterfahren darf, wenn der Tank leer ist. Geht es noch absurder? Oder ist nicht schon allein deshalb höchste Zeit, mit derlei Unfug aufzuräumen?

Doch wie? Die Antwort kennst Du, seitdem Du Vom Lande der Bildung[25] *hörtest. Doch was sind Dir eure Schulen noch wert? Und wie ernst ist es Dir damit, dass es erst Bildung ist, die Schule macht?* „Wahrlich, mit Sehnsucht im Herzen kam ich. Aber wie geschah mir? So angst mir auch war, ich musste lachen! Nie sah mein Auge etwas so Buntgesprenkeltes."[26]

Also sprach *Zarathustra* und zog sich in ihren Panzer zurück, nicht jedoch, ohne vorher noch schnell etwas in den Sand zu kritzeln. Es war unschwer als Jahreszahl zu erkennen: 1623 …

Also sprach Zarathustra.

Wilhelm Schickard: Es war einmal ... anno 1623

Hexenprozesse sind ja in aller Regel nicht wirklich lustig, und man kann sich leicht vorstellen, wie mulmig es dem großen Astronomen Johannes Kepler zumute gewesen sein muss, als ihn 1615 an seiner Wirkungsstätte in Linz die Nachricht erreichte, ausgerechnet seine Frau Mama stehe im Verdacht der „Schadenzauberei“[27]. Kepler war sofort entschlossen, ihre Verteidigung selbst zu übernehmen, und so gab er kurzerhand seinen Job auf und reiste nach Leonberg, einem malerischen Städtchen kurz hinter Stuttgart, wo der Prozess stattfinden sollte. Unterwegs machte er in Nürtingen Station und lernte den dortigen Pfarrer Wilhelm Schickard kennen, der seinerseits vor dem Sprung auf eine Professur für Hebräisch an der Universität Tübingen stand. Die beiden verstanden sich auf Anhieb so gut, dass aus diesem Treffen nicht nur eine lange Freundschaft resultierte, sondern auch ein mindestens ebensolanger Briefwechsel, geführt natürlich auf Lateinisch.

Die Briefe vom 20. September 1623 und 25. Februar 1624 sind für uns besonders interessant. In ihnen berichtet Schickard, er habe eine Rechenmaschine gebaut, welche seinem Freund zweifelsohne großes Vergnügen bereiten werde. Dummerweise fiel der hölzerne Apparat kurz darauf einem Brand zum Opfer, und so haben nur einige wenige Skizzen Schickards und eine kurze lateinische Bastelanleitung für seinen Mechaniker Johann Pfister die Zeiten überdauert. Sie waren aber detailliert genug, dass 1960 dem Tübinger Professor Bruno von Freytag Löringhoff ein einigermaßen originalgetreuer Nachbau gelang.

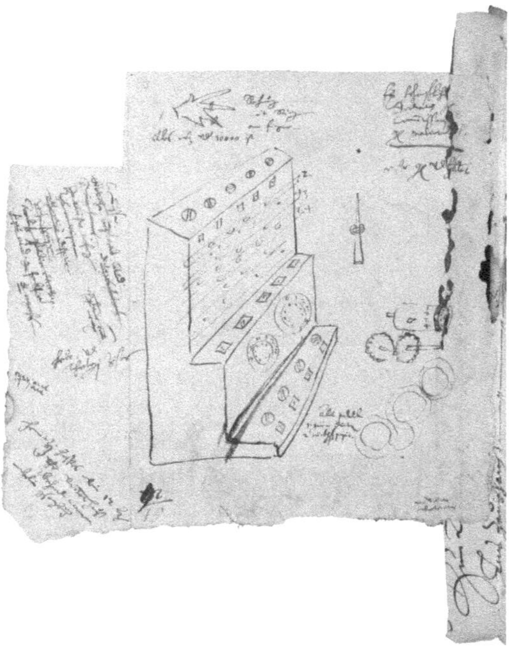

Originalskizze Schickards (mit freundlicher Genehmigung der Württembergischen Landesbibliothek Stuttgart, Cod. hist. qt. 203, S. 50)

Schickards Maschine vereint in sich zwei unterschiedliche Mechanismen. Vor allem kann sie sechsstellige Zahlen addieren, und zwar mit Hilfe von Zahnrädern. Wie sie das macht? Schauen wir uns dazu ein Beispiel an, sagen wir: 5 + 8 = 13. Für diese Rechnung nehmen wir zwei Zahnräder mit jeweils zehn Zähnen, die wir der Reihe nach mit den Ziffern von 0 bis 9 beschriften und nebeneinander hinlegen. Für die gewünschte Addition 5 + 8 drehen wir dann das rechte Zahnrad so, dass der Zahn Nummer 5 (= erster Summand) ganz oben steht, während beim linken

Zahnrad (= Übertrag) die 0 oben ist. Um zur 5 nun 8 zu addieren, drehen wir das rechte Zahnrad um acht Zähne weiter, dann steht die 3 oben (= Einerstelle des Ergebnisses). Dabei gibt es einen Übertrag, deswegen muss auch noch das linke Zahnrad (= Zehnerstelle) um einen Zahn von 0 auf 1 weitergedreht werden, und wir erhalten insgesamt: 5 + 8 = 13.

Die nachfolgende Abbildung zeigt die mechanische Umsetzung. Dabei befinden sich die mit Ziffern beschrifteten Zahnräder in der oberen Reihe. Wir sehen, wie das letzte Zahnrad rechts oben (= Einerstelle) ein Hilfszahnrad in der unteren Reihe mitdreht. Dieses Hilfszahnrad besitzt einen einzelnen langen Extrazahn, der immer am Ende einer kompletten Umdrehung (= Übertrag) das vorletzte obere Zahnrad (= Zehnerstelle) um einen Zahn weiterdreht. Dann muss man nur noch aufpassen, wenn sich ein Übertrag über mehrere Stellen fortpflanzt, also wenn wir etwa 99.999 + 1 rechnen wollen. In so einem Fall würden nämlich mehrere Extrazähne gleichzeitig eingreifen, und das führt dazu, dass die Mechanik sehr leicht klemmt oder im schlimmsten Fall gleich ganz kaputt geht.

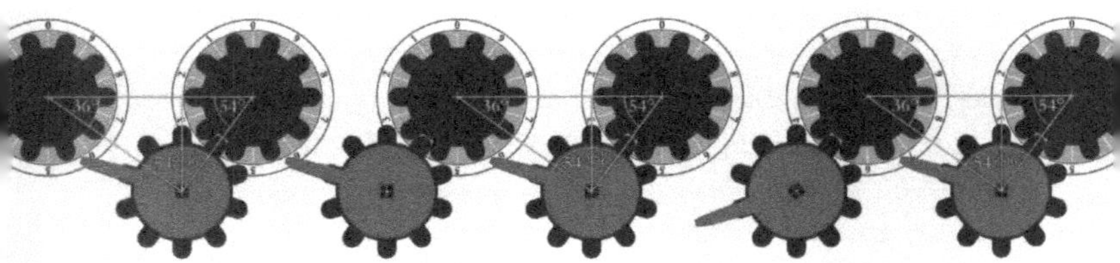

Übertragsmechanismus von Schickards Maschine (mit freundlicher Genehmigung von Jens Puhle, https://www.jepu.info/schickard/)

Neben dieser Addition beherrschte die Maschine auch noch eine sehr elegante Form der Multiplikation mit Hilfe sogenannter Neperstäbchen, einer Erfindung des Schotten John Napier – das lässt sich aber leider nicht in ein, zwei Sätzen erklären.

So kam es also vor genau vierhundert Jahren, mitten im Dreißigjährigen Krieg, zur Geburtsstunde dessen, was wir heute Digitalrechner nennen. Keplers Reise hat sich aber auch noch aus einem anderen Grunde gelohnt, denn nach einem längeren Verfahren wurde seine Mutter freigesprochen. Die Anklage erwies sich als eine Intrige der Nachbarn – wir würden heute „Fake News" dazu sagen. Summa summarum also ein klarer Fall von Happy End!

Nachbau der Schickardmaschine (Bruno von Freytag Löringhoff 1960): in der oberen Hälfte der Teil für die Multiplikation, unten quer das sechsstellige Addierwerk (mit freundlicher Genehmigung der Universität Tübingen. Foto: MUT / V. Marquardt).

Cyberian Rhapsody

(5 Uhr morgens. Nach durchgezockter Nacht sitzt Homo cyber an seiner Playstation, während aus dem Radiowecker die unverwechselbare Stimme von Freddy Mercury erklingt …)

„Is this the real life?
Is this just fantasy?
Caught in a landside,
No escape from **virtuality**?“

(Moment – hieß das nicht „reality“? Da hatte er sich wohl verhört. Die Nacht mit Doom war echt hart gewesen …)

„Open your eyes,
Look up to the skies and see…
I'm just a poor boy, I need some sympathy,
Because I'm easy come, easy go, little **1**, little **0**,
And the way the wind blows does still really matter to me.“

(Schon wieder ein Hoppala? Das hieß doch „little high, little low“, nix mit „1 and 0“… egal, die Playstation fordert volle Aufmerksamkeit …)

„Mamma, just killed a man,
Put a gun against his head, pulled my trigger, now he's dead.
Mamma, **DOOM** has just begun,
but now I've gone, **can't throw** it all away.

Mamma, oooh, didn't mean to make you cry,
If I'm not back again this time tomorrow,
Carry on, carry on as if nothing really matters.

Too late, my time has come,
Sends shivers down my spine, body's aching all the time.
Goodbye, everybody, I've got to **game**,
Gotta leave you all behind and face the **screen**…
Mama, oooh, I don't wanna die,
I sometimes wish I'd **get thousand lives** at all."

*(Besser eine Pause. Er nimmt das Buch zur Hand,
das er gestern kaufte: „Homo cyber – Ein Bericht".
Sein müder Blick fällt auf den Umschlag…)*

„I see a little silhouetto of a man,
Cyberman, Cyberman, will you do the Fandango!
Thunderbolts and lightning, very, very frightening me.
Galileo, Galileo, Galileo,
Figaro – magnifico-o-o-ohh…"

*(Erschöpft schläft er ein… Erst zu den letzten Zeilen
der Musik hebt er wieder den Kopf…)*

Nothing really matters, anyone can see,
Nothing really matters to me…"

(frei nach Freddy Mercury, Bohemian Rhapsody[28])

Die Leute glauben, Mathematik sei schwierig,
weil sie nicht sehen, wie kompliziert das Leben ist.
(John von Neumann)

DAS WAHRE

Wenn der Computer die Antwort ist, was war dann eigentlich die Frage? So lautete, in Anlehnung an Armin Nassehi, der Ausgangspunkt unserer Überlegungen zum *Homo cyber*. Daher müssen wir uns zunächst etwas genauer mit Computern beschäftigen.

Was ist ein Rechner?

Fangen wir von vorne an: Was macht einen Rechner aus? Nun ja, zunächst einmal sollte er wohl wenigstens rechnen können, sonst hat er seine Bestimmung verfehlt. Rechnen aber tut man üblicherweise mit Zahlen. Daher spielen Zahlen für den Computer eine ganz zentrale Rolle. Sie sind gleichsam der Rohstoff für all die großartigen Sachen, zu denen er in der Lage ist. Denn dass man mit ein und demselben Gerät schwierigste mathematische Berechnungen ausführen und dann Videos anschauen, Geld überweisen oder telefonieren kann, ist beileibe nicht selbstverständlich.

All das funktioniert, weil der Rechner verschiedenste Informationen jeweils in Form von Zahlen codiert – das nennt man dann *Daten*. Hierfür eignen sich besonders *Binärzahlen*, die nur aus 0 und 1 bestehen. Sie sind für einen Computer ganz einfach zu verstehen, da er sich nur mit zwei Ziffern herumschlagen muss statt mit zehn wie im Dezimalsystem. Das Rechnen selbst funktioniert

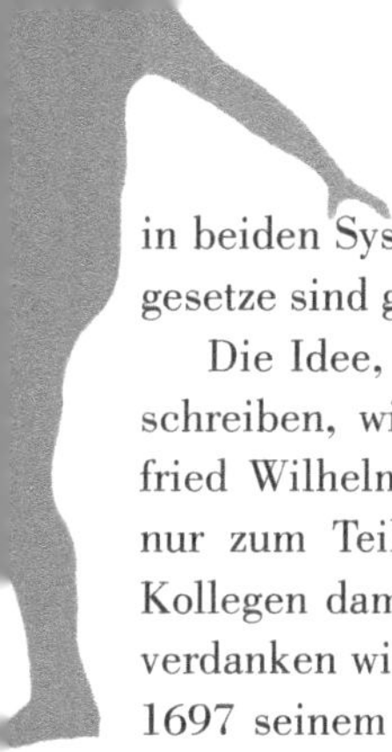

in beiden Systemen vollkommen identisch, alle Rechengesetze sind gleich.

Die Idee, Zahlen nur mit den Ziffern 0 und 1 aufzuschreiben, wird meist dem großen Mathematiker Gottfried Wilhelm Leibniz zugeschrieben. Das stimmt zwar nur zum Teil, denn bereits vor ihm experimentierten Kollegen damit[29], aber den entscheidenden Durchbruch verdanken wir in der Tat einem Brief von Leibniz, den er 1697 seinem Chef, dem Herzog Anton Ulrich von Wolfenbüttel schrieb. Darin erläutert er diesem das Binärsystem, allerdings (und das ist etwas überraschend) nicht aus mathematischer, sondern aus theologischer Perspektive[30]. Demnach verkörpert die Null (*nullum*) das *Nichts* und die Eins (*unum*) die *eine* göttliche Kraft, und wie man aus 0 und 1 das ganze Reich der Zahlen schaffen kann, so verhält es sich mit der Schöpfung der Welt aus der Spannung zwischen Gott und dem Nichts. Letztlich ging es Leibniz mit den Binärzahlen also um die *creatio ex nihilo*, die „Schöpfung aus dem Nichts", und mithin um die alte philosophische Frage: Warum ist überhaupt etwas und nicht nichts? Mit seiner Antwort reiht er sich ein in eine jahrtausendealte Tradition des Dualismus, wie sie etwa auch der historische Zarathustra predigte und zur Grundlage seiner Religion des Zoroastrismus machte, der bis in unsere Tage weiterlebt (so zählte etwa Freddy Mercury, der Sänger der Rockband Queen, bis zu seinem Tod 1991 zu ihren Anhängern).

Der Dualismus des Binären hat allerdings ein Problem: Zwischen 0 und 1 ist nichts dazwischen, alles ist daher schwarz oder weiß. Diese Annahme ist aber angesichts der Welt, in der wir leben, eine Zumutung. Denn natürlich wissen wir, dass es zwischen Schwarz und Weiß nicht nur jede Menge Grautöne gibt, sondern sogar auch noch unzählige Farben. Auf diesem Auge ist der Computer also im wahrsten Sinne des Wortes blind.

Modell und Wirklichkeit

Dies macht vor allem deutlich, dass Rechner sich immer nur mit Modellen der Wirklichkeit beschäftigen, niemals mit der Wirklichkeit selbst. So ist Mathematik ja im Grunde nichts anderes als eine Sprache, die besonders gut geeignet ist, die Struktur der Welt zu beschreiben, während sich die Modelle der Informatik eher auf deren Oberfläche konzentrieren. Das geht aber nur mit einer gewissen Genauigkeit, denn wenn zwischen 0 und 1 nichts ist, wird selbst die glatteste Fläche notgedrungen zackig und rauh. Das ist übrigens auch das Problem der Schildkröte: Sie versteht ihren Wettlauf als Summe kleiner endlicher Schritte, die sich Stück für Stück zusammensetzen lassen, während Achilles integral (im mathematischen Sinne) handelt und damit in der physischen Realität Recht behält. Sorry, *Zarathustra*, aber da hast Du schlichtweg Pech gehabt!

Mit dem Aufkommen der Künstlichen Intelligenz, wofür im Folgenden ChatGPT paradigmatisch stehen soll, hat sich die Art der Modellbildung nochmals fundamental geändert. Bis dato waren Modelle in der Regel immer noch erklärbar und interpretierbar und folgten allgemein anerkannten Prinzipien wie etwa *Ockham's Rasiermesser* („wenn zwei Modelle den gleichen Erklärungsgehalt haben, dann nimm das einfachere davon"). Bei KI-Modellen ist das fundamental anders, denn oft lässt sich nicht mehr erklären, wie bestimmte Ergebnisse zustandekommen. Stattdessen muss man Algorithmen *vertrauen*, die aber oft so komplex sind, dass zu ihrer Beschreibung Milliarden und Abermilliarden Parameter nötig sind und selbst Experten sie schon aus diesem Grund nicht mehr verstehen können.

Das Ende der Theorie

Die Verfügbarkeit von immer mehr Daten und die rein technische Möglichkeit, diese auch zu verarbeiten, ändern zudem die Weise, wie Wissenschaft und Wissensgewinn betrieben werden. Diesen Paradigmenwechsel hat Chris Anderson 2008 als *The End of Theory* beschrieben und das Ende theoriegeleiteter Forschung im Zeitalter von Big Data postuliert[31]. Während man in der Wissenschaft bis dahin üblicherweise Forschungsfragen formulierte und diese dann mit Hilfe experimenteller Daten zu beantworten versuchte, fahndet man demnach heute oft nur noch nach *irgendwelchen* Mustern in riesigen Datenhaufen und deklariert dies als Erkenntnisgewinn. Das 40 Jahre alte Diktum des Statistikers George Box „Alle Modelle sind falsch, aber manche sind nützlich" lautet also jetzt: „Alle Modelle sind falsch, aber wir brauchen gar keine mehr."[32] Eine so betriebene Wissenschaft verzichtet aber letztlich auf gezieltes Fragen und schaut nur noch mit großen Augen zu, was ein Algorithmus aus Daten so alles macht, und sei es auch der größte Unsinn. Was bedeutet unter diesen digitalen Umständen aber dann noch Wissen? Und was, uralt und brandaktuell, die Frage des Pilatus aus der Bibel: „Was ist Wahrheit?"[33]

Beginnen wir mit einer unbestrittenen Tatsache: Wissen für alle war und ist eine der großen Erfolgsstories des Internet. Wo man früher in Bibliotheken eilte, um lange Karteikästen durchzustöbern und im Erfolgsfall noch viel umfangreichere Bücher auf der Suche nach der gewünschten Information zu konsultieren, liefert das World Wide Web zusammen mit hoch effizienten Suchmaschinen plötzlich unglaublich große Wissensbestände auf Knopfdruck. Die Digitalisierung aller möglichen Museums- und Bibliotheksbestände eröffnet Forschung wie interessierter Allgemeinheit den Zugriff auf Dokumente und Medien, von denen man früher nur träumen konnte. Wikipedia als gemeinschaftlich geschaffene Bestandsaufnahme des Weltwissens schlägt den Umfang traditioneller Lexika um viele Größenordnungen, während Youtube didaktisch hervorragende Einführungen in so gut wie alle denkbaren Wissenschaftsgebiete und -fragen zur Verfügung stellt. Und es gibt kein noch so exotisches Thema, keinen noch so esoterisch anmutenden Suchbegriff, zu dem Google & Co. nicht zumindest irgendetwas Relevantes auszuspucken wüsste.

Doch ist das allein schon „Wissen"? Als Konrad Paul Liessmann 2006 in seiner *Theorie der Unbildung* über das Wesen von Wissen zwischen Bildungsreform und Wissensgesellschaft reflektierte, musste er deprimiert feststellen, dass von dem, was Wissen einmal war und wog, nicht mehr allzuviel übrig war[34]. Stattdessen verband sich Wissen für ihn mit der Aura des Überraschenden und Kuriosen und war somit von einer gewissen Beliebigkeit, wie sich an den einfach nicht enden wollenden Quizshows à la „Wer wird Millionär?" zeigt. Konsequenterweise formulierte er daher sein Konzept der *Unbildung* und meint damit nicht „die schlichte Abwesenheit von Wissen, auch nicht eine bestimmte Form von Unkultiviertheit, sondern den mitunter durchaus intensiven Umgang mit Wissen jenseits jeder Idee von Bildung"[35]. Unbildung ist also „kein intellektuelles Defizit, kein Mangel an Informiertheit, kein Defekt an einer kognitiven Kompetenz[...], sondern der Verzicht darauf, überhaupt verstehen zu wollen"[36]. Wissen dagegen bedeutet, „eine Antwort auf die Frage geben zu können, was und warum etwas ist"[37], und die Suche nach der Wahrheit wird damit Grundvoraussetzung für jeglichen Wissensgewinn.

Die Erosion der Wahrheit

Im Gegensatz hierzu ist die Geschichte des Digitalen seit langem zu einer Geschichte der Erosion von Wahrheit geworden. Das war nicht immer so. Als der englische Erfinder George Babbage 1821 seine *Difference Engine* konzipierte, ein Monster von einem mechanischen Rechner mit über fünf Tonnen Gewicht[38], so tat er das aus Frust über die Rechenkünste seiner Zeitgenossen. Damals waren Astronomie, Navigation und Kriegsführung auf mathematische Tabellenwerke angewiesen, welche aber von menschlichen „Computern" berechnet wurden und deshalb oft vor Fehlern strotzten. Dem setzte Babbage seine Vision industriell produzierter Zahlen entgegen, wobei die mechanische Herstellung vom ersten bis zum letzten Schritt einzig und allein Fehlerfreiheit sicherstellen sollte – der Rechner also als Garant von Wahrheit pur.

Wie anders sieht das heute aus, vor allem im Bereich digitaler Medien. Menschen waren schon immer, seit den Felszeichnungen in den Höhlen von Lascaux und Altamira, daran interessiert, ihre Welt so objektiv wie möglich in Bildern festzuhalten. Jahrhundertelang schickten Könige auf Brautschau ihre begabtesten Maler los, um durch den rechtzeitigen Blick auf ein hoffentlich gelungenes Porträt der Auserwählten wenigstens groben optischen Fehlgriffen vorzubeugen. Was für eine Erleichterung war es da, als Mitte des 19. Jahrhunderts nach und nach die Photographie aufkam und diese Objektivität per Definition garantierte. Vollends überwältigend dann der nächste Schritt, als die Bilder auch noch laufen lernten und schließlich gar der Stumm- zum Tonfilm wurde. Fortan konnte sich jedermann und jedefrau persönlich davon überzeugen, wie es wann und wo in welcher Ecke der Welt auch immer wirklich aussah und was dort vor sich ging. Natürlich hat man immer auch schon Gemälde retuschiert, und genauso Film und Foto, allerdings war dies aufgrund des Aufwands eher die Ausnahme, und daher konnte man in aller Regel davon ausgehen, dass, was man da sah, einigermaßen der Wahrheit entsprach.

Bis, ja bis das Digitale Einzug hielt, Bilder zu gigantischen Sammlungen von Pixeln wurden und sich jeder einzelne dieser Bildpunkte plötzlich unabhängig von allen anderen bearbeiten ließ, und das auch noch automatisch. Das Ganze nannte sich *Photoshop* und war eigentlich dazu gedacht, Fotos zu verschönern. Ein guter Plan mit einem verheerenden Resultat, denn seither ist es im Grunde unmöglich, Bildern und Fotografien noch zu trauen. Dies gilt erst recht, seit die Künstliche Intelligenz Einzug in die Bildbearbeitung gehalten hat. Heute führen uns *Deep Fakes* vor, dass nicht einmal mehr Filmaufnahmen irgendetwas mit der Wahrheit zu tun haben müssen, vielmehr lassen sich beliebigen Sprechern beliebige

Inhalte so unterschieben, dass Original und Fälschung nicht mehr unterscheidbar sind.

Zu berichten ist also vom bevorstehenden Verlust einer Kulturtechnik, auf die die Menschheit lange stolz sein konnte. Stattdessen werden wir über kurz oder lang davon ausgehen müssen, dass nichts von dem, was uns auf Smartphone und Bildschirm gezeigt wird, noch allzuviel mit der Realität zu tun haben muss. So wird die Wirklichkeit zum Wonderland – wer Augen hat, der sehe zu!

Die immerwährende Halluzination

Und es kommt noch einmal schlimmer, und hierfür stellvertretend steht der 30. November 2022 – jener Tag, an dem mit der Veröffentlichung von ChatGPT erstmals eine Künstliche Intelligenz der Allgemeinheit zugänglich wurde. Wie hinreichend bekannt, handelt es sich dabei um den spektakulären Versuch, eine mit unglaublicher Rechenpower versehene Maschine durch maschinelles Lernen soweit zu bringen, dass sie mit menschlichen Gegenübern ein zumindest auf den ersten (und auch zweiten) Blick einigermaßen normal aussehendes Gespräch führen kann – Inhalt egal. Das technische Vorgehen ist dabei denkbar banal: ChatGPT würfelt für jedes Wort, das es ausspuckt, aus der Menge der verfügbaren Wörter eines aus, das in einer ähnlichen Situation in menschlichen Unterhaltungen wahrscheinlich ebenfalls fallen würde – mehr steckt da nicht dahinter[39].

Wie so oft ist das nichts ganz Neues. Etwas Ähnliches hat schon Mozart gemacht, als er sein *musikalisches Würfelspiel* (KV Anh. 294d) verfasste[40], um damit auch komplett unmusikalischen Zeitgenossen die „Komposition“

eines Walzers zu ermöglichen. Sie mussten dazu lediglich 16 Mal würfeln und nach jedem Wurf aus einer Fülle von Vorschlägen nach bestimmten Regeln den nächsten Takt auswählen. Man kann sich lebhaft vorstellen, wie banal das Ergebnis geklungen haben muss, vor allem im Vergleich zu den Geniestreichen, die einem Mozart sonst so aus der Feder flossen.

Auch in der Informatik gibt es schon lange die „würfelnde KI", vor allem im Bereich von Übersetzungsprogrammen. Hier hat sich weitgehend durchgesetzt, dass man auf ein inhaltliches Verständnis des zu übersetzenden Textes verzichtet und der Algorithmus stattdessen eine mehr oder weniger zufällige Wortkombination vorschlägt, die dem Text *am wahrscheinlichsten* entspricht. Das funktioniert, rein praktisch gesehen, oft erstaunlich gut, kann aber jederzeit auch schiefgehen, denn das Ergebnis ist letzten Endes rein spekulativer Natur.

ChatGPT, wiederum als Beispiel für eine beliebige sogenannte *generative KI*, geht ein gehöriges Stück darüber hinaus, und man findet dafür nur schwer adäquate Vergleiche. Oft ist heute die Rede von einem „stochastischen Papagei", der ebenso blind wie zufällig nachplappert, was man ihm zuvor in der Trainingsphase beigebracht hat. Und wenn dabei hin und wieder die Wahrheit zu kurz kommt, dann „halluziniert" es eben, wie man gerne sagt. Beides geht am Kern vorbei. Wenn wir schon eine Analogie aus dem Tierreich suchen, dann wohl eher das Chamäleon, das ständig seine Farbe ändert, um sich in wechselnden Umgebungen möglichst unauffällig aus der Affäre zu ziehen. Und was das „gelegentliche Halluzinieren" betrifft, so gilt hier sogar das Gegenteil: ChatGPT halluziniert immer und aus Prinzip! Punkt. Es ist *Homo cyber*, der diesen Halluzinationen eine Bedeutung zuschreibt, die er für mehr oder weniger konform mit der Wirklichkeit hält, genau wie bei Dr. Nim in der Einleitung.

Wie problematisch das ist, lässt sich an einer anderen Frage noch weiter verdeutlichen: Kann ChatGPT lügen? Die Fähigkeit zu lügen ist seit jeher eine Eigenschaft, die von philosophischer Seite nur dem Menschen vorbehalten blieb. Nietzsches Zarathustra spricht: „Wer nicht lügen kann, weiß nicht, was Wahrheit ist“[41], und Günther Anders sieht in ihr sogar eine spezifische Dimension menschlicher Freiheit, von Liessmann beschrieben als die „Möglichkeit, eine bestimmte Form des Seienden zu dementieren, und damit auch der radikalste Ausdruck von Freiheit, einer Freiheit, die sich den Faktizitäten des Seins nicht unterwerfen will“[42]. Wer aber halluziniert, lügt nicht; wenn aber eine KI wie ChatGPT die Lüge nicht im Repertoire hat, trifft dasselbe auch für die Wahrheit zu.

Der Grad der Übereinstimmung zwischen Zuschreibung und Wirklichkeit lässt sich dabei nur beurteilen, solange es noch hinreichende Zugänge zur Realität gibt. Dies führt zu einem weiteren fundamentalen Problem, das ich gerne an einem etwas anderen Beispiel verdeutlichen möchte. Momentan ist eine der großen Hoffnungen, die man mit Künstlicher Intelligenz verbindet, dass eine KI auch programmieren kann – zwar nicht perfekt, aber doch so, dass man mit etwas Nacharbeit zu lauffähigen Programmen kommt. Auf den ersten Blick hört sich dies nach einer guten Nachricht an, aber: Man setzt dabei stillschweigend voraus, dass es immer noch Programmierer gibt, die sich gut genug in der Materie auskennen, dass sie zu solchen Korrekturen überhaupt in der Lage sind. Denn die Erfahrung zeigt, dass es oft schwieriger ist, ein fehlerhaftes fremdes Programm zu berichtigen statt es gleich selbst neu zu schreiben. So ergibt sich die paradoxe Schlussfolgerung, dass die Anforderungen an Programmierer wachsen, während genau diese Kenntnisse im Gefolge der KI vermeintlich nicht mehr gebraucht und deshalb auch nicht mehr gelernt werden.

Die breite Öffentlichkeit wie auch die Wirtschaft lässt sich von solchen Überlegungen nicht beeindrucken. Ihr genügt, was ChatGPT zu bieten hat: einen extrem niedrigschwelligen Zugang zu einer KI, die sich vermeintlich zur Lösung aller möglichen Probleme eignet, solange man diese ausreichend spezifiziert. Die Attraktivität von ChatGPT hat dabei sehr viel damit zu tun, wie die Interaktion mit dem Nutzer aufgesetzt ist. Hier gibt es keine Zufälle. So weist Chris Frauenberger darauf hin, dass ChatGPT seine Antworten ganz bewusst langsam – Wort für Wort – ausgibt. Dies geschieht nicht aus einer technischen Notwendigkeit heraus, sondern soll vielmehr suggerieren, dass die KI tatsächlich über etwas nachdenkt und es erst danach Stück für Stück hinschreibt – eine bewusste Vermenschlichung also, um dem Gegenüber mit allen Mitteln eine Intelligenz vorzuspiegeln, die das System selbstverständlich nicht besitzt[43].

Die Tatsache, dass Gespräche leicht von einem Thema abschweifen können, ermöglicht es unserem chattenden Chamäleon zudem, sich rigidem Zugriff zu entziehen, falls dies nötig wird. Dies gilt insbesondere, wenn sich ein Teil der Dauer-Halluzination wieder einmal als so grob falsch herausgestellt hat, dass selbst die KI es zugeben muss. In diesem Fall ist es fast wie im richtigen Leben: man entschuldigt sich eben einmal kurz, und schon ist man wieder gut Freund.

Reise nach Jerusalem

Das wäre anders, ginge es vorderhand nicht um dialogisches Pingpong, sondern hätten solche falschen Antworten direkte Konsequenzen, die sich nicht einfach zurücknehmen lassen. Mein prägendstes Erlebnis mit ChatGPT war in diesem Zusammenhang der Versuch, ihm eine Wegbeschreibung von meinem Büro im 9. Wiener Bezirk zur Pädagogischen Hochschule in Linz zu entlocken, wo ich Mitte März 2023 einen Vortrag halten sollte …

PR: Wie lange brauche ich mit dem Auto von der Sensengasse 6 in Wien zur Pädagogischen Hochschule Oberösterreich in Linz?

: Die Entfernung zwischen der Sensengasse 6 in Wien und der Pädagogischen Hochschule Oberösterreich beträgt ungefähr 200 Kilometer, und die Fahrtzeit hängt von mehreren Faktoren ab, wie z.B. Verkehr, Wetter und Straßenbedingungen […]

PR: Und welche Route würdest Du mir empfehlen?

: Es gibt mehrere Routen, die Sie von Wien nach Linz nehmen können. Die schnellste und kürzeste Route ist die A1, die direkt von Wien nach Linz führt. Die Fahrtzeit beträgt normalerweise 2 Stunden und 30 Minuten, je nach Verkehrsaufkommen […].

PR: Geht es noch etwas genauer? Wie komme ich von der Sensengasse auf die A1, und wie komme ich dann von der A1 in Linz zur PH?

: *Ja natürlich, ich kann Ihnen eine detaillierte Wegbeschreibung geben. Von der Sensengasse 6 in Wien auf die A1: 1. Verlassen Sie die Sensengasse und biegen Sie links auf die Landstraßer Hauptstraße ein […]*

PR: *Aber die Sensengasse biegt doch gar nicht in die Landstraßer Hauptstraße ein, oder täusche ich mich?*

: *Es tut mir leid, Sie haben recht. Ich bitte um Entschuldigung für die Verwirrung in meiner vorigen Aussage. Die Sensengasse befindet sich in der Nähe des Stadtzentrums von Wien, und die Landstraßer Hauptstraße ist nicht die beste Route, um auf die A1 zu gelangen. Hier ist eine aktualisierte Wegbeschreibung. Von der Sensengasse 6 in Wien auf die A1: 1. Verlassen Sie die Sensengasse und biegen Sie rechts auf die Wiedner Hauptstraße ein […]*

PR: *Und Du bist sicher, ich kann von der Sensengasse direkt in die Wiedner Hauptstraße einbiegen?*

: *Ja, von der Sensengasse können Sie direkt in die Wiedner Hauptstraße einbiegen […]*

PR: *Aber die Wiedner Hauptstraße ist doch im 4. Wiener Bezirk und die Sensengasse im 9. Bezirk. Wie soll das gehen?*

: *Es tut mir leid, das war mein Fehler. Ich habe die Sensengasse und die Wiedner Hauptstraße verwechselt. Die Sensengasse ist tatsächlich im 9. Bezirk und die Wiedner Hauptstraße im 4. Bezirk. Um von der Sensengasse auf die Wiedner Hauptstraße zu gelangen, können Sie entweder Richtung Süden zur Argentinierstraße gehen und dann rechts auf die Wiedner Hauptstraße abbiegen oder Richtung Westen zur Favoritenstraße gehen und dann links auf die Wiedner Hauptstraße abbiegen. Alternativ können Sie auch die öffentlichen Verkehrsmittel nutzen, um zur Pädagogischen Hochschule Oberösterreich zu gelangen […]*

Soweit der leicht gekürzte, ansonsten aber unveränderte Verlauf unserer „Unterhaltung“. Auch wer nicht allzu detailliert mit der Wiener Topologie vertraut ist, wird bemerken, dass die diversen Routenbeschreibungen dem Wortlaut nach zwar allesamt sinnvoll klingen, aber beim Realitätscheck sofort in die Bande krachen. Doch warum fällt dies gerade hier so eindrücklich auf? Dafür gibt es eine einfache Erklärung: Die Frage an ChatGPT betrifft nicht irgendetwas Abstraktes, bei dem es uns schon imponiert, wenn die Antwort auch nur einigermaßen dem entspricht, was man so erwarten kann. Stattdessen geht es um etwas ganz Konkretes, ja Leiblich-Physisches: Beim Lesen leide ich geradezu körperlich bei der Vorstellung, an der Ecke einer Straße im 9. Wiener Gemeindebezirk in eine Straße einbiegen zu wollen, die weit entfernt im 2. oder 4. Bezirk liegt. Ähnliches erfahren wir am Bahnsteig, wenn die Verspätung eines Zuges gemeldet wird und wir physisch spüren, dass da gerade etwas außer Kontrolle gerät (und genau deswegen ist die Aufregung über einen ausgefallenen Zug oft um soviel größer, als wenn das Internet einmal ausfällt und wir dies nur virtuell spüren).

Zweifellos werden ChatGPT und ähnliche generative KIs in den nächsten Monaten und Jahren weiterentwickelt werden (ich scheue mich, hierfür das Wort „verbessert“ in den Mund zu nehmen), so dass in Zukunft Chatverläufe wie der zitierte wohl seltener vorkommen. Das ist aber nicht der Punkt. Mir geht es darum, dass uns diese Technologie buchstäblich auf den Arm nimmt, wir das oft aber erst spüren, wenn wir sie am eigenen Leibe erfahren. Nicht überall, wo Wissen drauf steht, ist auch Wissen drin, von Wahrheit ganz zu schweigen, aber selten war dies so klar wie hier. Ein letztes Mal in aller Deutlichkeit: ChatGPT halluziniert aus Prinzip, immer und überall, und deshalb kann und sollte man sich darauf nicht, niemals und nirgendwo verlassen. So gesehen ist es vielleicht hilfreich, sich hin und wieder auf obiges Beispiel zu besinnen und der rein körperlichen Wirkung nachzuspüren, die es beim ersten Lesen auf uns hatte.

Mit der Wahrheit rechnen

Die Beziehung zwischen Digitalität und Wahrheit reicht aber noch tiefer, und dem möchte ich jetzt auf den Grund gehen. Kurz zur Erinnerung: Wir waren in diesem Kapitel davon ausgegangen, dass das Rechnen mit Zahlen die Kernkompetenz eines Computers schlechthin darstellt. Doch stimmt das überhaupt? Kann man wirklich nur mit Zahlen rechnen? Diese Frage stellte sich Mitte des 19. Jahrhunderts der englische Mathematiker George Boole, und seine Antwort lautete: Nein, rechnen kann man auch mit der Wahrheit, oder genauer gesagt: mit Wahrheitswerten. Und jetzt die große Überraschung: Nicht das Rechnen mit Zahlen, sondern dieses Rechnen mit Wahrheiten ist in Wirklichkeit das Fundament alles Digitalen.

Hierzu muss ich ein klein wenig ausholen (und darf zugleich auf die Kurzvideos unter https://homocyber.at verweisen). Was bedeutet Rechnen überhaupt? Das, was wir alle in der Schule als Arithmetik gelernt haben, besteht im Grunde aus nichts anderem als der Verknüpfung jeweils zweier Zahlen zu einer neuen Zahl: 1 + 1 = 2, 3 x 4 = 12. Ähnlich, so Boole, lassen sich aber auch Aussagen miteinander verknüpfen – wir machen das im Alltag ja ständig. Ein einfaches Beispiel: „Es regnet“ bzw. „die Straße ist nass“ sind zwei Aussagen, von denen jede einzelne entweder wahr oder falsch ist, d.h. wir können jeder solchen Aussage einen „Wahrheitswert" WAHR bzw. FALSCH zuordnen. Was passiert nun, wenn man diese beiden Aussagen z. B. mittels *UND* verknüpft? Heraus kommt eine neue, *kombinierte Aussage* („Es regnet *UND* die Strasse ist nass"), welche ihrerseits wahr oder falsch sein kann. Und nun die entscheidende Frage: Kann man den Wahrheitswert der kombinierten Aussage aus den beiden Wahrheitswerten der ursprünglichen Aussagen herleiten?

Booles Antwort hierauf lautet: Yes, we can! Für die Verknüpfung mit *UND* gilt, dass die kombinierte Aussage genau dann WAHR ist, wenn beide ursprünglichen Aussagen ebenfalls WAHR sind. „Es regnet *UND* die Straße ist nass" ist dann und nur dann wahr, wenn es tatsächlich regnet und die Straße tatsächlich nass ist. Dabei spielt der Inhalt der Aussagen keine Rolle, sehr wohl aber die Art der jeweiligen Verknüpfung. Betrachten wir z. B. die Verknüpfung mit *ODER*, so schaut das schon ganz anders aus. Hier genügt für die Wahrheit der kombinierten Aussage bereits, dass *eine* der ursprünglichen Aussagen wahr ist: „Es regnet *ODER* die Straße ist nass" ist wahr, wenn es entweder regnet oder die Straße nass ist (oder wenn beides zutrifft). Noch einfacher wird es, wenn man eine Aussage mit dem Operator *NICHT* verknüpft, denn dann verwandelt sich der zugehörige Wahrheitswert stets in sein Gegenteil: *„Es regnet NICHT"* ist genau dann FALSCH, wenn es in Wirklichkeit regnet.

1 + 1 = 10

Auf dieser Grundlage errichtete Boole eine ganze Kathedrale der Logik, die nach ihm benannte „Boolesche

Algebra“. Hierzu nimmt er an, dass es genau zwei Wahrheitswerte gibt: Jede Aussage ist entweder WAHR oder FALSCH, mit nix dazwischen, und daher kann man ihren Wahrheitswert genausogut mit „0“ (FALSCH) bzw. „1“ (WAHR) abkürzen. Der Kern der Booleschen Algebra besteht dann darin, dass man *jede beliebige* logische Verknüpfung zweier Aussagen und ihrer Wahrheitswerte mit Hilfe der drei Grundverknüpfungen *UND*, *ODER* bzw. *NICHT* ausdrücken kann.

Wie genau das funktioniert, ist zwar hochinteressant, würde hier aber den Rahmen sprengen[44]. Eine Folgerung daraus ist für uns allerdings von größter Bedeutung. Die arithmetische Verknüpfung von Binärzahlen lässt sich nämlich ebenfalls als logischer Vorgang verstehen, das heißt: Die *Grundrechenarten*, die wir so kennen, sind eigentlich *logische Operationen*, keine mathematischen!

Man sieht das am einfachsten für den Fall der Addition zweier einstelliger Binärzahlen. Dafür gibt es genau vier Möglichkeiten: $0+0=0$, $0+1=1$, $1+0=1$ und $1+1=10$. Dabei kann das Ergebnis unter Umständen zweistellig werden: Wir erhalten einen Übertrag von 1, wenn *beide Summanden* gleich 1 sind (ähnlich wie im Dezimalsystem $9+1 = 10$ gilt). Etwas Ähnliches kennen wir aber bereits: Auch das logische *UND* spuckt als Wahrheitswert einer *kombinierten Aussage* 1 (= WAHR) aus, wenn die *beiden einzelnen Aussagen* jeweils 1 (= WAHR) sind. Der Übertrag beim Zusammenzählen zweier einstelliger Binärzahlen ergibt sich also als Resultat einer logischen *UND*-Verknüpfung: Ist der erste Summand 1 *UND* der zweite Summand 1, dann ist der Übertrag ebenfalls 1.

Wie sieht das bei der Einerstelle aus? Schaut man sich nochmal die genannten vier Möglichkeiten an, so ist die Einerstelle genau dann 1, wenn *ENTWEDER* der erste *ODER* der zweite Summand eine 1 ist. Auch dieses *ENTWEDER-ODER* ist eine logische Verknüpfung, die sich mit Hilfe der drei Grundoperatoren *UND, ODER* und *NICHT* ausdrücken lässt (und das ist nicht einmal allzu schwierig – der Leser ist herzlich aufgefordert, sich zu überlegen, wie das geht[45]).

Das aber ist – frei nach Goethe – des digitalen Pudels Kern[46]: Zwei einstellige Binärzahlen zusammenzuzählen ist kein Rechenvorgang, sondern eine *logische* Angelegenheit. Ein Rechner rechnet also überhaupt nicht! Stattdessen betreibt er Aussagenlogik, wobei die Grundrechenarten einen Teil davon darstellen. Noch prägnanter formuliert: Es geht einem Rechner nicht um Zahlen, es geht ihm um Wahrheiten! Und so wird die Frage nach der Wahrheit und dem Umgang damit zur innersten „DNA" des Computers (wobei hier wie andernorts mit dieser Metapher das gemeint sei, was – nochmals frei nach Goethe – „die Rechnerwelt im Innersten zusammenhält"[47]).

Wie das technisch genau funktioniert, ist nicht so wichtig (eine anschauliche Einführung habe ich in meinem Büchlein *Eine kurze Geschichte der Technischen Informatik*[2] versucht), deshalb nur ganz kurz: Alles, was man im Grunde benötigt, sind elektronische Schaltungen für die drei Grundoperatoren. Hat man diese einmal zur Verfügung, so lassen sich daraus größere Schaltungen herstellen, indem man die Ausgänge solcher Grundschaltungen jeweils mit den Eingängen nachfolgender Schaltungen verbindet. Das geht so ähnlich, wie man in der

Mathematik mit Hilfe von Klammern und Verknüpfungen nach und nach beliebig lange Formeln basteln kann. So gesehen ist einen Chip zu bauen nichts anderes als „Lego für Fortgeschrittene".

Von alledem konnte George Boole nicht einmal ansatzweise etwas ahnen, als er 1864 sein Leben im Alter von nur 49 Jahren auf dem Altar der Wissenschaft aushauchte, und das im wörtlichen Sinne. Er war damals Professor an einer irischen Universität und beim täglichen Fußmarsch zum Hörsaal in einen Wolkenbruch geraten, was ihn aber nicht daran hinderte, sogleich mit seiner Vorlesung zu beginnen, statt sich abzutrocknen oder umzuziehen. Als Resultat holte er sich eine böse Lungenentzündung, welche seine Gemahlin auf reichlich unkonventionelle Art behandelte. Sie war eine glühende Anhängerin der aufkommenden Naturheilkunde und bestand darauf, Gleiches mit Gleichem zu behandeln. Also überschüttete sie ihren fiebrig in seinem Bett liegenden Mann eimerweise mit eiskaltem Wasser, was dieser zu ihrem und unserem Leidwesen nicht überlebte.

Der Sprung

Halten wir fest: Die Frage, wie ein Rechner rechnet, hat sich plötzlich als sehr tiefgründig herausgestellt. Im Kern geht es dabei um nichts Geringeres als den Umgang mit Wahrheit. Damit stoßen wir hier zum ersten Mal auf eine charakteristische Tiefenbeziehung zwischen der Art und Weise, wie Menschen Realität bewältigen, und dem Innersten eines Computers. In ähnlicher Weise wird sich das später im Fall von Algorithmus und Ethik bzw. Endgerät und Ästhetik wiederholen.

Allerdings muss man hier aufpassen. Auf der Ebene der *Schaltungen* reden wir von *logischen* Wahrheiten; diese haben nichts damit zu tun, welchen Wahrheitswert wir einem vom Rechner ermittelten *Inhalt* zuschreiben. Umso drängender stellt sich daher jetzt die Frage: Was und wie können wir also wissen? Wissen als Sammeln von Puzzlesteinen interessanter Details hilft uns hier nicht weiter. Wissen ist auch nichts, was wir einfach konsumieren können, stattdessen braucht es immer Kontext, und so kommen wir notgedrungen wieder auf die Frage der Bildung zurück. Diese aber, wie Adorno konstatiert, „lässt sich, dem Spruch aus dem Faust entgegen, überhaupt nicht erwerben"[48] – sie will in harter Arbeit gewonnen und gelebt sein. Bildung als Lebensform verlagert ihren Gewinn auf eine existenzielle Ebene, dorthin also, wo wir nach Heidegger „erst auf den Boden springen müssen, auf dem wir eigentlich stehen"[49]. Dieser Sprung ist es, zu dem uns Bildung erst und eigentlich befähigt und der sie zugleich ausmacht; darin besteht ihre letzte Aufgabe und eigentliche Größe.

Die Verbindung von *Existenzphilosophie und Pädagogik*[50] ist dabei nichts Neues. Schon 1959 wies Otto Friedrich Bollnow in seinem gleichnamigen Buch darauf hin, dass menschliche Entwicklung mitnichten in kontinuierlicher Form stattfinde, sondern gekennzeichnet sei von einer Vielzahl biographischer Brüche und Krisen, und baute hierauf sein Konzept der „unstetigen Formen der Erziehung" auf. Hierbei erweist sich gerade die *Krise* als Ort des Erkenntnisgewinns, denn „dort wo es sich nicht mehr um ein beliebiges Anhäufen von Wissen, sondern um das Gewinnen einer wirklichen Einsicht handelt, ist es ganz anders. Diese kann nicht schrittweise aufgebaut werden, sondern sie kommt auf einen Schlag […] Man sagt, dass es dem Menschen in solchem Augenblick ‚wie Schuppen von den Augen fällt'"[51].

Was kann ich wissen?

Was also kann, was soll, was darf *Homo cyber* heute wissen? Die Versuchung ist groß, vor dem Hintergrund zunehmender Abhängigkeit von digitaler Technologie und künstlicher Intelligenz nach einer „Aufklärung 2.0" zu rufen, im Sinne von Kants berühmter Definition als „Ausgang des Menschen aus seiner selbstverschuldeten Unmündigkeit"[52]. Diese Unmündigkeit, nunmehr digital verstanden, degradiert *Homo cyber* zum Opfer überbordender Technokratie, bedürftig einer woher auch immer gereichten Hand, um ihn aus diesem Schlamassel wieder herauszuziehen, weil er es am eigenen Schopf nicht schafft. Erst solcher Aufklärung könne es dann gelingen, digitale Unmündigkeit in eine neue Art von Selbstermächtigung zu verwandeln, und zwar für Individuum und Gesellschaft gleichermaßen.

Das ist aber nicht, was Kant mit seiner Frage meint. Ihn interessiert, was Erkenntnis eigentlich ist, wodurch sie möglich wird und was dies für unseren Alltag bedeutet. Zudem stellt er sich damit bewusst gegen Leibniz und dessen Idee, Wissen mit Hilfe einer Formalsprache, der *mathesis universalis*, auszudrücken – eine Ideologie, die Max Bense in kompakter Weise in dem Slogan „Geist ist Form" zusammenfasste[53] und die am Anfang der Suche nach Künstlicher Intelligenz steht. Denn dass es Leibniz letzten Endes bereits damals um die Mechanisierung des menschlichen Geistes ging, macht ihn zu einem frühen KI-Pionier, und es ist alles andere als ein Zufall, dass nicht Kant, sondern Leibniz es war, der sich sein ganzes Leben lang mit dem Bau mechanischer Rechner herumschlug.

Dennoch berührt Kants erste Frage – Was kann ich wissen? – das Herzstück aller Digitalisierung. Google hat die schiere Weise, sich Information zu beschaffen, vollkommen revolutioniert. Allerdings hat sich damit auch unser Verständnis von Information gewandelt. Information, das ist ja nach der berühmten Definition von Gregory Bateson „ein Unterschied, der einen Unterschied macht“[54], oder im Sinne von Claude Shannon die „Verringerung von Unsicherheit“ – beides Definitionen, die sich wie selbstverständlich auf das Faktische als ultimative Referenz beziehen. Dies allerdings ist im heutigen postfaktischen Zeitalter ernsthaft bedroht, wenn das Privileg der Tatsache weitgehend von dem der Meinung abgelöst wird. Eine „Mein-ung“ ist aber grundsätzlich nur „Meines“, ohne Anspruch auf universelle Anerkennung – es ist gerade keine „Unser-ung“. Damit beinhaltet freie Meinungsäußerung mitnichten das Recht, einfach *irgendeine* Meinung zu äußern. Vielmehr können Meinungsäußerungen immer nur Teil eines konstruktiven Diskussionsprozesses sein, und nur dieser zählt letztlich, wenn wir auch heute vom Wahren sprechen.

Blaise Pascal & Gottfried Wilhelm Leibniz: Klack – klack – klack …

Die meisten kennen Leibniz wohl vor allem als Knabberkeks-Hersteller („nur echt mit 52 Zähnen"), und wenn der Name sonst einmal fällt, dann meist in Verbindung mit der Erfindung des Binärsystems. Dabei hat Gottfried Wilhelm Leibniz unendlich viel mehr für die Informatik geleistet, insbesondere durch die Entwicklung der ersten Rechenmaschine, die alle vier Grundrechenarten beherrschte. Sie zu bauen kostete ihn fast 40 Jahre seines Lebens und ein Privatvermögen von umgerechnet etwa zwei Millionen Euro[55]*. Trotzdem war er nie wirklich damit zufrieden, und prompt geriet sie nach seinem Tod in Vergessenheit. Durch Zufall 1879 bei Renovierungsarbeiten auf dem Dachboden einer Kirche in Göttingen wiederentdeckt, steht das Original heute in der Gottfried-Wilhelm-Leibniz-Bibliothek in Hannover*[56]*.*

Leibniz war freilich nicht der erste, der auf die Idee kam, man müsse die mühselige Arbeit des Rechnens doch irgendwie mit einer Maschine vereinfachen können. Nach Wilhelm Schickard ist hier in erster Linie Blaise Pascal zu nennen, der wie Schickards Maschine ebenfalls im Jahre 1623 das Licht der Welt erblickte, und zwar als Sohn eines Juristen. Dieser trat 1642 eine Stelle als oberster Finanzbeamter im nordfranzösischen Rouen an und verbrachte seither Tag um Tag mit Zahlen und Zählen. Der Sohnemann war davon nicht wirklich begeistert, und weil er ein gewieftes Bürschchen war, hatte er eine Idee …

Man muss dazu wissen, dass Papa Pascal selbst ein ausgezeichneter Mathematiker war, das Ganze aber trotz-

dem als brotlose Kunst ansah. Dummerweise besaß er eine umfangreiche wissenschaftliche Privatbibliothek, in die sich Klein-Blaise schon in jungen Jahren regelmäßig schlich, um allen Verboten zum Trotz heimlich Mathebücher zu verschlingen (kleiner Tipp am Rande: Vielleicht sollten es geplagte Eltern einmal auf diese Weise versuchen, wenn ihre Sprösslinge wieder einmal so gar kein Interesse an diesem Fach haben). Als dann nicht mehr zu übersehen war, welch geniale Begabung da heranwuchs, gab der Vater seinen Widerstand gegen eine entsprechende Ausbildung seines Sohnes auf. Prompt revanchierte sich dieser und baute, um seinem Vater die Arbeit ein bisschen zu erleichtern, seine erste Rechenmaschine: die Pascaline.

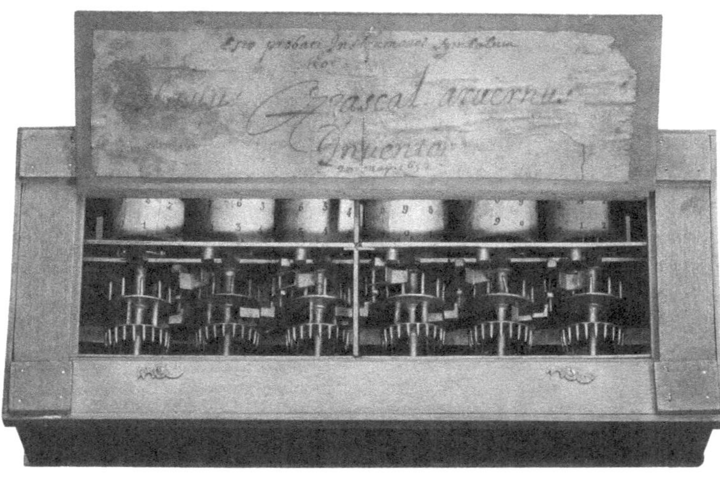

Pascaline aus dem Jahr 1652
(© Musée des arts et métiers-Cnam, Paris/Foto J.-C. Wetzel)

Pascals Konstruktion ist in zweierlei Hinsicht bemerkenswert. Zum einen fand er eine höchst originelle Lösung für das Problem des mechanischen Übertrags beim Addieren. Schon Schickard hatte das mit Hilfe von Zahnrädern gemacht, allerdings war sein Mechanismus ziemlich anfällig, wenn ein Übertrag über mehrere Stellen ging, also etwa im Fall 99.999+1. Pascal kam auf die Idee, den Übertrag zwischen nacheinander liegenden Stellen zu entkoppeln, indem er auf den direkten Kontakt zwischen den entsprechenden Zahnrädern verzichtete. Stattdessen hebt in der Pascaline jedes Zahnrad im Lauf einer Umdrehung ein Gewicht in die Höhe, welches dann beim Übergang von 9 auf 0 nach unten fällt und im Fallen das Zahnrad der nächsthöheren Stelle um einen Zahn weiterdreht. Das macht dann einmal „klack", und falls der Übertrag über mehrere Stellen weitergereicht wird, dann wiederholt sich das ein paarmal – „klack-klack-klack ..."

Das Ganze hat natürlich einen kleinen Haken: Es funktioniert nur in eine Richtung, direktes Subtrahieren ist damit nicht möglich. Deswegen hatte sich Pascal noch etwas anderes ausgedacht, was bis heute in unseren Elektronikchips weiterverwendet wird: das sogenannte Stellenkomplement. Die Idee dahinter ist so einfach wie genial: Beschriftet man die Zähne der einzelnen Zahnräder nämlich in umgekehrter Reihenfolge, dann entspricht das Weiterdrehen eines Zahnrads um x Zähne plötzlich einer Subtraktion von x (die angezeigte Zahl wird ja immer kleiner). Und wenn man das geschickt macht, dann lässt der Mechanismus, der ja nach wie vor bei jeder Umdrehung ein Gewicht hochhebt, dieses jetzt beim Übergang von 0 auf 9 fallen, dreht damit das nächste Zahnrad um ein Rad weiter, vermindert dadurch die dort angezeigte Zahl um eins (denn auch dieses Zahnrad ist ja umgekehrt beschriftet), und „klack" hat sich die Maschine den notwendigen Übertrag von der höheren Stelle „geholt". Und auch das lässt sich problemlos – „klack-klack-klack" – über mehrere Stellen fortsetzen.

Ob Pascals Vater mit der Maschine zufrieden war, ist nicht überliefert, wohl aber witterte sein Sohn eine Marktlücke, ließ sich seine Erfindung vom französischen König patentieren und baute mehr als zwanzig Exemplare, von denen acht bis in unsere Zeiten überdauerten.

Leibniz war 30 Jahre später das Addieren nicht mehr genug, er wollte alle Grundrechenarten beherrschen. Dafür brauchte er dreierlei: die Möglichkeit, eine Zahl nach der Eingabe zu speichern, um sie beliebig oft hintereinander addieren zu können (denn nichts anderes ist eine Multiplikation), einen Zähler, um zu wissen, wie oft genau, und einen Mechanismus zur Stellenverschiebung, um z. B. statt zehnmal eine Einerstelle nur einmal die entsprechende Zehnerstelle zu addieren und damit enorm an Effizienz zu gewinnen.

Die Leibniz-Rechenmaschine
(© Gottfried-Wilhelm-Leibniz-Bibliothek, Foto: Maike Kandziora)

Leibniz löste alle drei Probleme, und für das Eingaberegister hatte er sogar zwei zündende Ideen. Zunächst schlug er hierfür ein Zahnrad mit – Achtung: einer variablen Anzahl von Zähnen vor, das sogenannte „Sprossenrad". Das war aber technisch zu dieser Zeit noch nicht zu realisieren, deshalb stürzte er sich letztlich auf Idee Nummer 2: die sogenannte „Staffelwalze". Hierzu fädelt man neun Zahnräder mit unterschiedlich vielen Zähnen (einen Zahn für die Ziffer 1, zwei für die 2 usw. bis neun Zähne für die 9) der Reihe nach auf eine gemeinsame Achse. Parallel neben dieser befindet sich eine zweite Achse mit einem einzelnen verschiebbaren Zahnrad, das man genau dorthin platzieren kann, wo die Staffelwalze die für einen bestimmten Summanden notwendige Anzahl von Zähnen hat. Wenn man dann die Staffelwalze einmal komplett um ihre Achse dreht, dreht sich das Zahnrad auf der zweiten Achse exakt um die gewünschte Anzahl von Zähnen weiter – bingo. Beide Konzepte erwiesen sich als revolutionär und grundlegend für die Rechnertechnologie der nächsten 250 Jahre.

Staffelwalzen in einem Arithmomètre aus dem Jahre 1895
(aus dem Privatbesitz des Autors)

1673 war Leibniz mit seiner Konstruktion weit genug, dass er vor der Royal Society in London einen Prototyp aus Holz vorstellen konnte. Im selben Jahr machte er sich dann an die Verwirklichung seines eigentlichen Lebenstraumes: die Erlangung einer Stelle am kaiserlichen Hof in Wien. Das Problem: Leibniz war evangelisch, und das kam am erzkatholischen Hof gar nicht gut an. Deshalb sollte es bis 1688 dauern, bevor er die langersehnte Audienz bei Leopold I. erhielt und von seiner Rechenmaschine erzählen konnte. Und dann noch einmal geschlagene 25 Jahre, bis ihn Kaiser Karl VI. nach langem Hin und Her 1713 endlich zum Reichshofrat ernannte. Von dem zugesagten Gehalt hat er bis zu seinem Tod drei Jahre später kaum etwas gesehen, dafür musste er allein für die Ernennung erst einmal fast tausend Gulden an Gebühren hinblättern... Auch mit seinem Lieblingsprojekt, der Gründung einer Akademie der Wissenschaften in Wien, kam er nicht vom Fleck, trotz namhafter Unterstützung bis hinauf zu Prinz Eugen. Es war also in vielerlei Hinsicht nichts mit seiner Theorie, wir Menschen lebten eigentlich in der besten aller möglichen Welten – obwohl: Sind wir ihr heutzutage mit unserem digitalen Schlaraffenland nicht doch schon ganz schön nahegekommen?

Intermezzo: Das Märchen …

Version 1845 (frei nach Ludwig Bechstein[57]):

Hört zu, ich will euch von einem guten Lande sagen, da sind die Häuser gedeckt mit Eierfladen, und die Fische schwimmen obendrauf auf dem Wasser, sind auch schon gebacken oder gesotten. Wenn aber einer gar zu faul ist, der darf nur rufen: **„Bst – bst!“**, *so kommen die Fische heraus aufs Land spaziert und hüpfen einem in die Hand. Das könnt ihr glauben, dass die Vögel dort gebraten in der Luft herumfliegen, und wem es zu viel Mühe macht, die Hand danach auszustrecken, dem fliegen sie schnurstracks ins Maul hinein. In dem Lande gibt es große* **Wälder**, *da wachsen die schönsten Kleider, von allen Farben, schwarz, grün, gelb, blau oder rot. Wer ein neues Gewand braucht, der geht in den* **Wald** *und wirft es mit einem* **Stein** *herunter oder schießt mit dem* **Bolzen** *hinauf. Wer eine Frau hat, die ihm nicht mehr jung genug und hübsch ist, der kann sie* **dort** *gegen eine junge und schöne vertauschen; die alten und garstigen kommen in ein* **Jungbad**. *Wer die Leute am besten necken und aufziehen kann, bekommt jeweils ein* **Gulden**, *und wer die größte Lüge macht, der hat allemal eine* **Krone** *dafür. Wer nichts kann, als schlafen, essen, trinken, tanzen und spielen, der wird zum* **Grafen** *ernannt. Der aber, welchen das* **allgemeine Stimmrecht** *als den Faulsten und zu allem Guten Untauglichsten erkannt, der wird* **König** *über das ganze Land und hat ein großes Einkommen. Nun wisst ihr des Schlaraffenlandes Art und Eigenschaft. Wer sich also auftun und dorthin reisen will, aber den Weg nicht weiß, der frage einen* **Blinden** …

… vom (digitalen) Schlaraffenland

Version 2023 (frei nach Homo cyber)[58]:

Hört zu, ich will euch von einem guten Lande sagen, da sind die Häuser gedeckt mit Eierfladen, und die Fische schwimmen obendrauf auf dem Wasser, sind auch schon gebacken oder gesotten. Wenn aber einer gar zu faul ist, der darf nur rufen: **„Alexa! Siri!“**, *so kommen die Fische heraus aufs Land spaziert und hüpfen einem in die Hand. Das könnt ihr glauben, dass die Vögel dort gebraten in der Luft herumfliegen, und wem es zu viel Mühe macht, die Hand danach auszustrecken, dem fliegt sie* **Lieferando** *schnurstracks ins Maul hinein. In dem Lande gibt es das große* **WWW**, *da wachsen die schönsten Kleider, von allen Farben, schwarz, grün, gelb, blau oder rot. Wer ein neues Gewand braucht, der geht ins* **Web** *und wirft es mit* **Ebay** *herunter oder schießt mit dem* **Amazon**-*Bolzen hinauf. Wer eine Frau hat, die ihm nicht mehr jung genug und hübsch ist, der kann sie auf* **Tinder** *gegen eine junge und schöne vertauschen; die alten und garstigen kommen in den* **Photoshop**. *Wer die Leute auf* **Facebook** *am besten necken und aufziehen kann, bekommt jeweils ein* **Like**, *und wer die größte Lüge macht, der hat allemal* **Follower** *dafür. Wer nichts kann, als schlafen, essen, trinken, tanzen und spielen, der wird zum* **Influencer** *ernannt. Der aber, welchen* **Twitter (X)** *als den Faulsten und zu allem Guten Untauglichsten erkannt, der wird* **Präsident** *über das ganze Land und hat ein großes Einkommen. Nun wisst ihr des Schlaraffenlandes Art und Eigenschaft. Wer sich also auftun und dorthin reisen will, aber den Weg nicht weiß, der frage* **Google Maps**…

Haben wir die Technologie, die wir brauchen, und brauchen wir die Technologie, die wir haben?
(Michael Funk)

DAS GUTE

Leider gibt es nicht allzu viele gute Witze über Informatiker. Einer davon geht so: Kommt ein Informatiker in eine Bar. Der Barkeeper fragt ihn: Bier oder Schnaps? Der Informatiker antwortet: Ja.

Spätestens jetzt zahlt sich aus, dass wir uns schon etwas mit Boolescher Algebra beschäftigt haben: Das Wörtchen „oder“ steht in unserem Alltag eben nicht nur, wie dieser Informatiker glaubt, für einen logischen Zusammenhang, sondern zunächst und in erster Linie einmal für eine Wahl. Und es ist diese Wahl, die der dänische Philosoph Søren Kierkegaard in seinem 1843 erschienenen Erstlingswerk thematisierte, welches sinnigerweise den Titel „Entweder–Oder“ trägt[59].

Entweder-Oder

Kierkegaard unterscheidet darin zwei verschiedene Formen menschlicher Existenz, die er *ästhetisch* bzw. *ethisch* nennt. Unter einem *Ästhetiker* versteht er allerdings nicht den künstlerisch talentierten Musensohn, der sich am Schönen im Sinne eines kantisch geprägten „interesselosen Wohlgefallens“[60] berauscht. Stattdessen steht für ihn der Aspekt der Unmittelbarkeit im Vordergrund, wie die altgriechische *aisthesis* auf die unmittelbare sinnliche Wahrnehmung abzielt. Dabei erscheint dem Ästhetiker die Welt als geordneter Kosmos, der von ihm kein aktives

Engagement verlangt; stattdessen kann er sich in aller Ruhe dem Genuss hingeben[61]. Wie anders werden wir da später den Anspruch kennenlernen, den etwa Rainer Maria Rilke aus dem vollkommenen Kunstwerk ableitet. Doch alles zu seiner Zeit.

Für Kierkegaards Ästhetiker ist das Leben primär Unterhaltung (nicht umsonst ist er ein großer Opernfan[62]), und das gilt auch für sein Konzept von Wissen, das nach Liessmann die oberflächliche Form des Entertainment angenommen hat, charakterisiert durch die „Vielfalt der Themen, das Springen zwischen den Gegenstandsbereichen, das Kokettieren mit dem Sensationellen, Überraschenden, Verblüffenden, die Lust an den spektakulären Entdeckungen und Innovationen“[63].

Die conditio cyberhumana

Ist *Homo cyber* demnach ein Ästhetiker? Die Frage lässt sich nicht so einfach beantworten, denn bei Kierkegaard[64] ist man nicht einfach Ästhetiker, sondern man wird zu einem, und zwar, wenn man zuvor von umfassender Fremdbestimmtheit geprägt ist, als

> … Rädchen in einer Maschinerie, gezwungen, so zu funktionieren, wie die Maschinerie es ihm vorschreibt. Dass dies die Situation ist, in der er lebt, weiß der Mensch natürlich nicht ohne weiteres … Daher lebt der Mensch auch in der Regel glücklich drauflos, lässt sich in Anspruch nehmen vom Leben und dessen vielfältigen Beschäftigungen, durchläuft eine Ausbildung, etabliert sich als dieser oder jener in seiner sozialen Umwelt, gründet eine Familie und wird ein Mensch, der genau den Vorstellungen entspricht, die die jeweilige Zeit von einem richtigen Menschen hat … Er kann natürlich in Situationen kommen, in denen die Umstände ihn zwingen,

etwas zu tun, was er selbst nicht will, aber in diesem Fall ist er sich der Tatsache bewusst, dass er hier also gezwungenermaßen etwas machen muss. Was ja gerade zu beweisen scheint, dass er sonst, in anderen Situationen, sein eigener Herr ist und für sich selbst bestimmt.[65]

Soweit Johannes Sløk in seiner Kierkegaard-Monographie, und jetzt das große Aber:

> Die Gewissheit ..., sein eigener Herr zu sein, ist ... eine Illusion. Er kann nur die Entscheidung treffen, die bereits von den anonymen Kräften getroffen ist. Wenn er sich als Geschäftsmann dazu entschließt, eine Filiale in Hamburg-Pöseldorf zu eröffnen, wird er dabei vom Marktmechanismus und den wirtschaftlichen Kräften gelenkt. Wenn er sich dafür entscheidet, seine Sommerferien im westindischen Ozean zu verbringen, dann wird er dabei vom sozialen Druck geleitet, der einem Mann in seiner Position gebietet, halt dort Urlaub zu machen und nicht auf einem Bauernhof im Sauerland, das ja bekanntermaßen auch seine Reize hat. Dasselbe gilt in allen anderen Bereichen, wo es so aussieht, als treffe er selbst seine Entscheidungen und als handele er völlig frei: Überall wird er gelenkt von einem umfassenden kybernetischen System, von dessen Existenz er nicht einmal ahnt ...[66]

Wohlgemerkt: Diese Beschreibung handelt mitnichten vom Überwachungskapitalismus Zuboffscher Prägung[67] und schon gar nicht von einer aktuellen *conditio cyberhumana*, dennoch sind die Ähnlichkeiten natürlich alles andere als Zufall. Wie hätte sich ein Kierkegaard vor bald 200 Jahren auch vorstellen können, dass solche Systeme jemals technische Wirklichkeit werden sollten – heute sind wir soweit.

Dabei muss es gar nicht um die bewusste Ausnutzung von Daten gehen, um damit Geschäfte zu machen (wie im Fall der Internetökonomie) oder eine ganze Gesellschaft zu überwachen (wie beim chinesischen *Social Credit System*[68]). Was es heißt, in den Strudel eines solchen Systems zu geraten, lässt sich auch an ganz anderen Beispielen demonstrieren, etwa dem Einsatz von Informationstechnologie (IT) im Bildungsbereich.

ChatGPT ... und kein Ende

Als ChatGPT aufkam, war eine der ersten Fronten, an denen Panik ausbrach, der Bereich von Schulunterricht und Hochschullehre. Es war sofort klar, dass die Möglichkeit, auf Knopfdruck einigermaßen sinnvoll klingende Texte zu beliebigen Fragestellungen produzieren zu können, immense Konsequenzen für die Gestaltung von Unterricht und Prüfung haben würde – nur welche genau, und wie damit umgehen, darüber herrschte und herrscht große Verwirrung. Dies zeigt sich schon bei banal scheinenden rechtlichen Aspekten. Als man sich erstmals fragte, wie man in Zukunft mit Hausübungen verfahren solle, die von oder mithilfe einer KI verfasst wurden, stand in den Rechtsgutachten dazu erstaunlicherweise nicht im Vordergrund, dass Aufgaben auf diese Weise einfach nicht adäquat gelöst werden, vielmehr zog man sich auf die Frage möglicher Urheberrechtsverletzungen durch die für das Training der KI verwendeten Quellen zurück, und ob diese gegen die Grundsätze redlicher Wissenschaft verstießen[69].

Dies mag für Juristen vielleicht befriedigend sein, auf die meisten anderen wirkt es wohl eher als Deckmäntelchen, um sich vor dem eigentlichen Problem zu drücken. Stattdessen sollte man es ehrlicherweise als das benennen, was es ist: Schummeln nämlich. Das gebietet allein der Respekt vor dem Berufsstand der Lehrer und Lehrerinnen. Wer möchte ihnen zumuten, sich mit Elaboraten auseinanderzusetzen, die die von ihnen gestellten Aufgaben KI-like – also de facto gar nicht – beantworten. Da wäre es sinnvoller, die Bewertung gleich auch einer KI zu überlassen, was aber natürlich die Idee einer Leistungsüberprüfung als Teil der Schule, wie wir sie kennen, ad absurdum führt. Was bleibt von Bildung übrig, wenn sich letztlich KI mit KI unterhält und Lehrer wie Schüler staunend danebenstehen?

Wer glaubt, diese Aussicht sei übertrieben, wird mit einer kleinen Anekdote vielleicht eines Besseren belehrt. In meinem Fach, der Informatik, ist es üblich, neue Erkenntnisse vor allem auf einschlägigen Konferenzen zu publizieren, wo diese vor versammeltem Publikum vorgetragen und diskutiert werden. Genauer gesagt: So *war* es üblich. Als im Zuge der Covid-Pandemie 2020 eine Konferenz nach der anderen abgesagt werden musste, besann man sich nämlich der Möglichkeiten moderner Kommunikationstechnologie und hielt Konferenzen virtuell ab – es begann die hohe Zeit von Zoom & Co. Und weil man schon einmal dabei war, erbat man sich von den Vortragenden oft gleich auch noch ein vorab aufgezeichnetes Video als weitere Dokumentation bzw. als Notfalllösung im Fall plötzlicher Erkrankung o.ä. So weit, so gut. Es dauerte nicht lange, und die Anfragen an Konferenzorganisatoren häuften sich, ob man statt des live gesprochenen Vortrags nicht gleich das voraufgezeichnete Video verwenden könne, weil sich dieses natürlich in den meisten Fällen als die besser aufbereitete Version erwies. Das

Argument hatte eine gewisse Berechtigung, und in der Tat wurde es fortan den Konferenzteilnehmern oft freigestellt, live zu sprechen oder nicht.

In dieser Situation war ich einmal als *Chairperson* für den Sitzungsablauf auf einer renommierten internationalen Konferenz verantwortlich, deren Namen ich hier taktvoll verschweige. In dieser Rolle kontaktiert man üblicherweise im Vorfeld die Vortragenden, und da ich sehr an die Macht des gesprochenen Wortes glaube, versuchte ich, diese davon zu überzeugen, doch bittebitte live zu sprechen. Das Ergebnis fiel ernüchternd aus: Kein Einziger leistete meiner Bitte Folge, stattdessen hatten alle Sprecher aus heiterem Himmel plötzlich akute Halsschmerzen und sahen sich rein stimmlich zum Vortrag außerstande. So sprach letztlich das eine Video zum anderen, und weil sich zudem auch noch kaum Zuhörer einfanden – schließlich waren die Beiträge auch nach der Konferenz noch bequem per Streaming verfügbar – war ich vermutlich der Einzige, der bei dieser Sitzung von Anfang bis Ende aufmerksam dabei war. An jenem Tag beschloss ich, fürderhin für derlei Aktionen nicht mehr zur Verfügung zu stehen. Aus einer ursprünglich durchaus sinnvollen Intention ergab sich wieder einmal ein absurdes Resultat, weil man vergessen hatte, das große Ganze konsequent zu Ende zu denken.

Anders gefragt

Andererseits haben natürlich die Apologeten der Künstlichen Intelligenz in einem Punkt recht: Man kann auch nicht so tun, als gäbe es sie nicht. Dies wäre ebenfalls absurdes Theater. Was also sollen wir tun? Für Kierkegaard wäre dies ein klarer Fall für die fundamentale Verlorenheit, in der er den Ästhetiker gefangen sieht. Der Boden, auf den dieser zu springen hat, ist von geschichtlicher Zufälligkeit geprägt, welche seine „freien" Entscheidungen konterkariert, und so findet sich der Mensch in einer ihm fremden Welt wieder, welche ihm Freiheit unmöglich macht, und an der er letztlich verzweifelt[70]. Kierkegaards Vorschlag (und damit kommen wir auf den eingangs erzählten Witz zurück) besteht nun darin, in dieser Situation *die Verzweiflung* in einem fundamentalen Akt *zu wählen*. Damit wählt der Ästhetiker sich selbst als Verzweifelten und kann sich so in einem neuen Stadium seiner Existenz mit sich selbst versöhnen: Er wird zum *Ethiker*.

Was dieser „Schock der Kontingenz"[71] konkret bedeuten kann, damit hat sich ein zweiter für unsere Überlegungen unverzichtbarer Denker auseinandergesetzt. Die Rede ist von Günther Anders (den meisten eher bekannt als erster Mann von Hannah Arendt), dessen im Gefolge des Zweiten Weltkriegs und der Atombombe entstandene Technikphilosophie ebenso profund wie weitgehend vergessen ist. Für Anders ist, im Gegensatz zu Kierkegaard, die aus der Zufälligkeit seiner Existenz resultierende Weltfremdheit, ja Weltlosigkeit des Menschen geradezu konstitutiv für seine Freiheit: Er kann die Welt gestalten, gerade weil er sie als fremd empfindet[72]. Sartre wird diesen Gedanken später in seine berühmte Formel vom Menschen als „zur Freiheit verdammt" gießen, die er übrigens, wie er selbst zugab, schlichtweg von Anders abgekupfert hat.

Statt allerdings die technischen Errungenschaften als Teil des Bemühens zu verstehen, sich diese Welt zu schaffen, sieht Anders den Menschen in einer grundlegenden Distanz zur Technik, für welche er den Begriff *prometheisches Gefälle* prägte[73]: Prometheus also, jene kraftvolle Gestalt der griechischen Mythologie, die den Konflikt mit Zeus wagte, indem sie den Göttern das Feuer stahl und den Menschen brachte, um so die Zivilisation zu begründen und voranzutreiben: ein Achill vor jeder Schildkröte quasi.

Etwas weniger bekannt ist, dass Prometheus, der im wörtlichen Sinne „Vor-bedenkende", noch einen Bruder hatte, Epimetheus mit Namen, ein „Nach-bedenkender" also und von daher weit weniger umsichtig und planvoll. Deshalb diente er Zeus als Vehikel für seine Rache und ließ sich von ihm Pandora (!) samt ihrer berühmten Büchse als Gattin aufschwatzen – mit hinlänglich bekannten Folgen für das Menschengeschlecht.

Doch nicht darauf spielt Günther Anders an. Ihm geht es vor allem um das Phänomen eines stetig wachsenden Abstandes zwischen Mensch und Technik, der den Menschen irgendwann frustriert zurücklässt, weil er die Perfektion seiner technischen Schöpfungen selbst niemals erreichen kann[74]. Damit nicht genug: Wie bei Achilles, der ja noch weiterläuft, nachdem er die Schildkröte überholt hat, bleibt auch die Technik nicht stehen. Das macht Anders zufolge aus dem Menschen, und insbesondere aus *Homo cyber* (denn für diesen steht die Schildkröte in mehrfachem Sinn), einen *invertierten Utopisten*: „Während Utopisten das, was sie sich vorstellen, nicht herstellen können, können wir uns dasjenige, was wir herstellen, nicht vorstellen"[75], geschweige denn, so ließe sich das Wortspiel noch weiterführen, können wir uns vorstellen, was wir damit alles anstellen können.

Zur Verantwortung des Ingenieurs

Von hier war es für Anders, der diese Gedanken im Kontext der Erfahrung von Hiroshima und der nachfolgenden Atomwaffendiskussion niederschrieb, dann nur noch ein Katzensprung zur Frage, wie es sich in dieser verzweifelten Situation mit der Verantwortung der Ingenieure verhalte – die ethische Frage war geboren. Kierkegaard war darauf schon hundert Jahre früher gekommen. Statt das ästhetische Theater weiterzuspielen und in seiner Verzweiflung vollends dem Nihilismus zu verfallen, schlug dieser nämlich, wie oben beschrieben, als Lösung die Wahl dieser Verzweiflung vor, um sich damit in die ethische Sphäre zu begeben.

Was aber hat dies mit *Homo cyber* zu tun? Als wir im Zuge des Aufstiegs des World Wide Web zum ersten Mal im Alltag mit all dem digitalen Zeugs konfrontiert wurden, kamen wir zunächst aus dem Staunen nicht heraus, was plötzlich möglich zu werden schien. Die ethische Frage – um es mit Kant zu formulieren: Was soll ich tun? – stand dabei weit zurück hinter einer sehr ursprünglichen Faszination: Was geht da plötzlich alles, was ich mir niemals auch nur hätte vorstellen können? Selbst als Plattformökonomie und Überwachungskapitalismus aufkamen und klar wurde, dass das unschuldig scheinende Spiel mit unseren Daten vor allem dem ausbeuterischen Interesse von Google & Co. diente, erschien das eher als vernachlässigbarer Kollateraleffekt. Denn obwohl hierdurch ureigenste Menschenrechte wie Privatheit, Datenhoheit usw. betroffen waren, fand deren Einschränkung doch immer nur in homöopathischen Dosen statt. Daher hielt sich *Homo cyber* lieber an die Logik der digitalen Schildkröte, stets davon überzeugt, im Zweifelsfall immer noch den entscheidenden Schritt vorne zu sein. Erst mit der Diskussion um das autonome Fahren wurde allen klar, dass in dem Moment, in dem Algorithmus und Mensch aufeinander prallen – und zwar in der physischen Welt, in diesem Fall dem Straßenverkehr –, die ethische Frage nicht mehr länger unter den Teppich gekehrt werden kann.

Links oder rechts

An dieser Stelle gelangte das sogenannte *Trolley-Problem*[76] zu unerwarteter Berühmtheit. Nehmen wir an, ein selbstfahrendes Auto ist auf einer engen Straße unterwegs, als vor ihm plötzlich ein Hindernis auftaucht und ein Unfall unvermeidlich wird. Zum Ausweichen gibt es nur zwei Möglichkeiten: Lenkt das Auto nach links, so fährt es in eine Gruppe junger Mütter hinein, die mit Kinderwägen unterwegs sind, lenkt es nach rechts, so kollidiert es mit einem Rentner und seinem Krückstock (wobei sich die potenziellen Unfallopfer nach Belieben austauschen lassen: links die süße Katze, rechts der bissige Hund, links die hübsche Krankenpflegerin, rechts der brahmsbärtige, leicht schludrige Informatikprofessor). Die sich daraus ergebende Frage ist simpel: Wie soll der autonom agierende Algorithmus des Autos programmiert sein, um in dieser Situation „richtig“ zu entscheiden?

Hierzu hat in den letzten 50 Jahren eine umfangreiche technikphilosophische Diskussion stattgefunden[77], die ich hier aus Platzgründen nicht referieren möchte; stattdessen nur einige Bemerkungen aus Sicht des Informatikers. Da wäre zum einen die Frage: Was sind denn überhaupt die Optionen, die ein Algorithmus zur Verfügung hat? Die Antwort hierauf fällt ernüchternd aus: Alles, was ein Algorithmus kann, hat mit Optimierung zu tun. Auch eine KI optimiert immer noch, jetzt allerdings Wahrscheinlichkeiten, und noch dazu auf eine Art und Weise, die sich meist nicht mehr nachvollziehen lässt. Für einen *ethischen Algorithmus* bedeutet dies, dass dafür überhaupt nur eine Art „Utilitarismus" in Frage kommt, also die Optimierung hin zum größtmöglichen Glück für die größtmögliche Zahl. Das Wesen des Algorithmus lässt also lediglich eine *utilitaristische Ethik* überhaupt zu, und umgekehrt folgt jeder Algorithmus per se bereits einem utilitaristischen Konzept und wäre demnach in gewissem Sinne von alleine „ethisch".

Warum ist dies problematisch? Nun ja, zum einen sind in der Ethik Antworten selten so eindeutig wie die Resultate, die ein Algorithmus ausspuckt. Insbesondere gibt es neben dem Utilitarismus ja noch ganz andere Ansätze, die Frage nach dem Guten zu beantworten. Für Kant etwa spitzt sich in seiner *Kritik der praktischen Vernunft* die ethische Frage auf den „Kategorischen Imperativ" als absolutes Kriterium für moralisches Handeln zu: „Handle nur nach derjenigen Maxime, durch die du zugleich wollen kannst, dass sie ein allgemeines Gesetz werde."[78]

Damit allerdings kann ein Algorithmus nicht wirklich viel anfangen: Die einzige Maxime, die die Anforderung Kants erfüllt, wäre wohl die Forderung, Schäden an Leib und Leben im Straßenverkehr überhaupt zu vermeiden, was sofort darauf hinausliefe, gar nicht erst loszufahren. Alternativ könnte man vielleicht noch darüber nachdenken, in jedem Fall als erstes das Leben des Fahrers zu opfern, bevor es fremde Leben kostet – nur: Wer würde dann noch ein solches selbstfahrendes Auto kaufen? Und Autos, die keiner kauft, werden auch nicht gebaut, obwohl dies, jedenfalls aus meiner Sicht, eine moralisch vertretbare Lösung des Dilemmas wäre. Hier der Autoindustrie nachzugeben, die solche berechtigten Gedanken am liebsten von vorneherein vom Tisch wischen möchte, verlangt entschiedenen Widerstand.

Zweitens ist festzuhalten, dass das Trolley-Problem seine Kraft vor allem aus seiner suggestiven Formulierung bezieht. Es gibt stets zwei klare Alternativen – links oder rechts – und demzufolge auch nur zwei mögliche Antworten: 0 oder 1. Da lacht das Programmiererherz, denn durch diese Formulierung als binäres moralisches Dilemma kann nicht nur der Technikphilosoph, sondern auch der Techniker etwas damit anfangen und beginnen, über Lösungen nachzudenken. Wunderbar.

Bleibt nur noch das Wie, und hier war das MIT am schnellsten und etablierte 2016 mit der *Moral Machine*[79] eine Webplattform, auf der seitdem Millionen Nutzer aus aller Herren Länder aufgefordert waren, ethische Präferenzen für eine breite Auswahl an Versionen des Trolley-Problems zu äußern. Die Ergebnisse sind durchaus interessant: Während manche dieser Präferenzen offenbar global gültig sind (z. B. eher Tiere zu opfern als Menschen), zeigten sich bei anderen deutliche kulturelle Unterschiede (so zählt in Europa ein jüngeres Leben deutlich mehr als ein älteres, was in Fernost so nicht der Fall zu sein scheint)[80].

Das Problem dabei: Die Ableitung ethischer Maximen aus empirischen Szenarien ist schon an sich eine fragwürdige Angelegenheit und alles andere als geeignet, um moralisch verbindliche Lösungen zu erarbeiten. Das hat übrigens schon Kant festgestellt[81]: Wenn nämlich

> ...Erkenntnis auf lauter Erfahrungsdatis (sic!) beruht, weil jedes Urteil darüber gar sehr von jedes seiner Meinung, die noch dazu selbst sehr veränderlich ist, abhängt, so kann es wohl *generelle*, aber niemals *universelle* Regeln, d.i. solche, die im Durchschnitt am öftesten zutreffen, nicht aber solche, die jederzeit und notwendig gültig sein müssen, geben; mithin können keine praktischen Gesetze darauf gegründet werden.

In anderen Worten: Eine moralische Maschine wie die des MIT ist eine interessante Spielerei – implementierbare ethische Maximen liefert sie uns nicht, und ethische Algorithmen schon gleich gar nicht, auch wenn uns die Autoindustrie nur allzu gern das Gegenteil glauben machen möchte.

Der Augenblick

Zum Dritten schließlich vernachlässigt das Trolley-Problem eine fundamentale existenzielle Kategorie, die wiederum auf Kierkegaard zurückgeht: den Augenblick. Es ist der Augenblick des Unfalls, in dem sich für alle Beteiligten eine schicksalhafte Unausweichlichkeit verdichtet und in dem (möglicherweise reflexhafte) Entscheidungen getroffen werden. Ein solcher Augenblick ist Kierkegaard zufolge der Ort, „worin Zeit und Ewigkeit einander berühren“[82], der Moment, nach dem für den Menschen nichts mehr ist wie zuvor: Er muss für den Rest seines Lebens mit einer Entscheidung, vielleicht sogar mit einer Schuld, leben. Der Algorithmus eines selbstfahrenden

Autos sieht dies eher nüchtern. Er meldet kurzerhand: „Houston, wir haben ein Problem!“, macht sich an die Rechenarbeit und präsentiert nach kürzester Zeit eine Lösung, die in diesem Augenblick aber schon wieder Vergangenheit ist.

Für den Menschen aber gibt es dazu noch einen zweiten Augen-blick, ebenso unausweichlich wie der erste. Hat ein Lenker eine fatale Entscheidung getroffen, so kommt irgendwann der Moment, in dem er jemandem in die Augen blicken muss, dessen Existenz seine Entscheidung getroffen, vielleicht gar zerstört hat. Er wird jemandem Rede und Antwort stehen müssen, im buchstäblichen Sinne der Übernahme von Ver-antwortung. Wer oder was aber soll diese Verantwortung für den Algorithmus übernehmen? Seit Jahren streiten sich die Juristen darüber: Ist es der Programmierer, der die unglückselige Codezeile geschrieben hat, ist es der Autohersteller, der den Code eingebaut hat, ist es der Fahrer, der das Auto erworben und betrieben hat, oder sind es gar alle zusammen?

Wie auch immer die juristische Lösung aussehen wird, auf die sich die Gesellschaft irgendwann einigt oder einigen muss – sie wird der existenziellen Bedeutung des Augenblicks nicht gerecht werden. Es wäre ehrlicher anzuerkennen, dass es hierfür schlichtweg keine Lösung gibt und man folglich auf autonomes Fahren verzichten muss. Denn selbst das Argument, statistisch würde sich dadurch die Anzahl von Verkehrstoten reduzieren, hält nicht vor der Idee der Würde des Menschen, die solches gegenseitiges Aufrechnen verbietet. So kommt es zur Entscheidung zwischen Markt und Menschenwürde, und wie diese auszufallen hat, darüber kann es keinen Zweifel geben (zumal es das selbstfahrende Auto ja auch schon lange gibt – wir kennen es nur unter einem anderen Namen: Taxi).

Ähnliches gilt für viele weitere Szenarien: Wer blickt dem erfolglosen Jobsucher ins Auge, dessen Bewerbung von der KI im Vorfeld aussortiert wurde? Wer der alleinerziehenden Mutter, die verzweifelt eine Wohnung sucht, wenn sie vom Algorithmus wegen mangelnder Kreditwürdigkeit nicht berücksichtigt wird? Wer dem zu Unrecht Überwachten oder gar Verhafteten, weil sein Profil allzu gut in die Vorgaben eines *Predictive Policing* passt und man nur ein Verbrechen verhindern will (das vielleicht niemals stattfinden würde)? Natürlich wird in diesen Fällen stets betont, es müsse der Mensch die letzte Entscheidung treffen, und Diskriminierung und *algorithmic bias* seien konsequent zu verhindern. Aber sind wir doch ehrlich: Wie oft und wie lange wird das, wenn überhaupt, der Fall sein? Kann ich von Menschen überhaupt erwarten, Widerspruch gegen den Vorschlag eines Algorithmus einzulegen und auch durchzusetzen, wo sie doch selbst nur Rädchen in einem umfassenden Getriebe sind? Und was die Fairness von Algorithmen betrifft, hat sich längst gezeigt, dass sie aus fundamentalen Gründen Illusion bleiben muss. Denn jegliches maschinelle Lernen hängt von den für das Training verwendeten Daten ab, und ob wir das wollen oder nicht: Diese sind immer und ausnahmslos unfair[83]. Es ist höchste Zeit, das als Gesellschaft endlich zur Kenntnis nehmen und Konsequenzen daraus zu ziehen.

Diskurshygiene

Es geht hier also um nichts weniger als Ehrlichkeit, den unbedingten Willen zu dem, was Maja Göpel in einem Gespräch mit mir einmal als „Diskurshygiene" formulierte[84] und wofür Maximilian Probst in etwas anderem Zusammenhang eindrucksvolle Worte gefunden hat, wenn er über den Klimawandel schreibt:

> Für den an der Moderne geschulten Menschen ist der Klimawandel eigentlich eine intellektuelle Beleidigung. Die sich anbahnende Katastrophe ist viel zu simpel, ja, sie ist extrem unterkomplex, weil sich angesichts der steigenden Temperaturen und des Tempos, in dem laut der Wissenschaft nun umgesteuert werden muss, nur sagen lässt: ja, ja, nein, nein. Das von nachdenklichen Menschen geliebte Einerseits/Andererseits ist durch diesen Ernstfall ausgehebelt, alle Graustufen sind weggewischt, mit denen man sich als lebenserfahrener Grübler sonst selbst genüsslich quält.[85]

Es genügt also nicht, Technologie als solche zu entzaubern. Darüber hinaus gilt es, sich auch von den glitzernden Versprechungen der allgegenwärtigen digitalen Zauberer zu lösen und die Situation nüchtern so zu betrachten, wie sie ist. Ich kann nur berichten, was ich weiß. Ich weiß (und die meisten meiner Fachkollegen mit mir, auch wenn sie dies meist nur im privaten Dialog zugeben), dass digitale Systeme inzwischen zu komplex geworden sind, als dass man sie noch vernünftig managen könnte. Ich weiß außerdem, dass neue Technologie nicht zwangsläufig eine Verbesserung darstellt. Neue Technologie ist einfach nur neu, Punkt. Ich weiß andererseits auch, dass digitale Technologie manche Dinge unschlagbar gut kann: Hautkrebs erkennen beispielsweise, oder Nadeln in riesigen Datenheuhaufen suchen. Das rechtfertigt aber keineswegs, Alan Turings Idee einer *Universal Machine*[86] dahingehend zu interpretieren, dass nur ein alleskönnender Computer ein guter Computer ist, und dass man umgekehrt einem schwierigen Problem automatisch dadurch gerecht wird, dass man ihm mit purer Rechenleistung begegnet.

Ein prägnantes Beispiel hierfür stellt die sogenannte *Blockchain* dar, im Grunde nichts anderes als eine auf mehrere Rechner verteilte Datenbank, die nur dann geändert werden kann, wenn eine Mehrzahl der Teilnehmer dieser Änderung zustimmt. An sich ist das eine clevere Idee und manchmal sogar ganz nützlich, aber: Dass man eine Zeit lang den Eindruck haben konnte, so gut wie jede Sorge der Menschheit ließe sich in Luft auflösen, wenn man sie nur in eine Blockchain wirft, war das Resultat eines vollkommen absurden Hypes. Mein ganz persönliches Highlight dabei war der 21. Dezember 2017, als sich der amerikanische Eisteehersteller „Long Island Iced Tea Corp." aus heiterem Himmel in „Long Blockchain Corp." umbenannte und sein Aktienkurs binnen weniger Stunden um 500% in die Höhe schoss, ohne dass irgend jemand sagen konnte, wofür genau diese Umbenennung stand[87]. Heute ist man etwas nüchterner geworden und betrachtet Blockchains als interessanten Ansatz für ganz bestimmte Szenarien, aber schon lange nicht mehr als Universallösung für alles und jedes. Warum eigentlich nicht gleich so?

Outsourcing

Denn Technologie, und insbesondere digitale Technologie, zum Outsourcen von komplizierten Problemen zu verwenden, ist selbst hochproblematisch, und zwar nicht nur, weil es meist nicht funktioniert. Betrachten wir noch ein Beispiel, das mit schöner Regelmäßigkeit in den Diskussionen zum Digitalen Wandel hochkocht: die Interaktion zwischen Bürger und Staat. Seit langem ein heißes Thema ist hier die Einführung von *eVoting*, um der seit Jahren sinkenden Wahlbeteiligung zu begegnen. Was auf den ersten Blick vielversprechend aussieht, hat ebenso tiefe wie meistens übersehene Konsequenzen: Die elektronische Abgabe einer Wählerstimme führt zwangsläufig zur Virtualisierung eines zutiefst demokratischen Prozesses: des Augenblicks der Wahl. Denn der Wahlvorgang bedeutet nicht nur, ein angekreuztes Stückchen Papier in einen Topf zu werfen, sondern zuallererst, überhaupt einmal seine Trägheit zu überwinden und sich auf den Weg zur Wahlkabine zu machen, um dort auf Menschen, oft Nachbarn oder Bekannte, zu treffen, die als Wahlhelfer Staat und Gesellschaft physisch repräsentieren und dadurch erfahrbar machen. Ist *Homo cyber* nicht mehr bereit, die Beschwerden dieser Begegnung, dieses Augen-blicks, auf sich zu nehmen, so verändert das fundamental sein Verhältnis zu Staat und Gesellschaft. Unsere Leiblichkeit als Menschen erfordert geradezu das physische Hintreten vor die Institutionen, mit denen wir unsere Gesellschaft organisieren. Deshalb wird auch die vieldiskutierte Digitalisierung von Behördengängen, die auf den ersten Blick den Bürgern viel Zeit und Umwege ersparen soll, auf lange Sicht dazu führen, dass wir den unmittelbaren Bezug zu staatlichen Institutionen schwächen. Wenn *Homo cyber* aber die Gesellschaft nicht mehr physisch spürt, wird er über kurz oder lang anders damit umgehen, abstrakt-virtuell eben, und ich fürchte, die Konsequenzen fallen nicht immer positiv aus.

Als Gesellschaft machen wir es uns mit solchem Outsourcing auch aus einem anderen Grund viel zu einfach. Die Verantwortung für Abläufe, die wir nicht mehr selbst geregelt bekommen, mir nichts dir nichts in die Hände digitaler Experten zu legen, bedeutet für diese nämlich oft eine heillose Überforderung. Informatiker sind hierfür weder zuständig noch legitimiert noch hinreichend vorbereitet. Ihre Expertise liegt anderswo: Was Außenstehenden leicht als Magie erscheint, wenn sie einen Programmierer beobachten, wie er mit großer Leichtigkeit auf einem cool gestalteten Bildschirm ein bisschen hin- und herwischt, ist in Wirklichkeit ein knallharter Knochenjob, der, will man ihn fehlerfrei ausführen, umfassendes abstraktes Denkvermögen im Verein mit höchster Konzentration, Hingabe und einer entsprechenden Ausbildung verlangt. Oft bleibt da erst einmal wenig Zeit, sich auch noch mit gesellschaftlichen, ethischen oder politischen Fragen auseinanderzusetzen, was aber dringend notwendig wäre, um der damit verbundenen Verantwortung gerecht zu werden.

Noch einmal wiederholt: Informatik ist eine schwierige Disziplin. Eine sehr schwierige sogar. Will man sie seriös betreiben, sehe ich keinen Grund, sie vom fachlichen Anspruch her nicht etwa der Medizin gleichzusetzen. Allerdings, und das ist bewusst etwas provokant formuliert, bleiben die Fehler eines Arztes, die bedauerlichen und sogar die fatalen, in den meisten Fällen auf einzelne Patienten beschränkt. Macht ein Programmierer einen Fehler, kann dessen Wirkung ganz andere Größenordnungen erreichen. Und nachdem im Code grundsätzlich jedes Bit gleich viel wert ist, reicht im Grunde schon ein einziges falsches, um einen Fehler zu produzieren. Das ist übrigens schnell passiert: Man rechnet heute selbst bei Software höchster Qualität mit 1 bis 2 kritischen und etwa 20 unkritischen Fehlern pro 1.000 Zeilen Programmcode (zur Veranschaulichung: Der Code des VW Trinity, eines vollautomatischen Elektrovehikels, das 2026 auf den Markt kommen soll, wird etwa 300 Millionen Zeilen umfassen, was nach dieser Rechnung insgesamt etwa sechs Millionen Fehlern entspricht, davon zirka 500.000 sicherheitskritischen[88]). Und selbst wenn man wollte, konstatiert der internationale Standard IEC 62304 trocken: „Es existiert keine bekannte Methode, um hundertprozentige Sicherheit für irgendeine Software zu garantieren."[89]

Das war nicht immer so. Als etwa für die Mondlandungen des Apolloprogramms die Software geschrieben war, hat man den binären Code in den Bordcomputer eingespeichert, indem in mühsamer Kleinarbeit unzählige Kupferdrähte per Hand durch gitterförmig angeordnete kleine Ringmagneten gezogen wurden; lief der Draht durch den Ring, war das eine „1", lief er daran vorbei, war's eine „0". Das Erstaunliche: Sowohl der Code wie auch die monatelange Fädelei gelangen komplett fehlerfrei, und der Bordcomputer lief auf allen Missionen ohne auch nur den allerkleinsten Aussetzer. Dass es bei der ersten Mondlandung in letzter Sekunde dennoch ganz schön knapp wurde (Stichwort: „Alarm 1202"), lag eher an der Schusseligkeit von Buzz Aldrin und einer versehentlich nicht abgeschalteten Radaranlage. Doch das ist eine andere Geschichte[90].

Der Hippokratische Eid

Ein Vergleich von Informatik und Medizin geht allerdings gründlich schief, sobald man den Blick auf die zugehörigen Ausbildungen wirft. Ein zukünftiger Mediziner in Deutschland, sofern er den Numerus clausus und damit die Zulassung schafft, steht vor einem Studium von mindestens sechs Jahren, wobei beim Physikum nach zwei Jahren bereits ausgiebig gesiebt wird und die allgemein verbreitete Bezeichnung des darauf folgenden „Hammerexamens" für sich spricht, bevor schließlich ein Staatsexamen die Ausbildung beendet. Wie sieht das beim typischen Informatiker aus? Nun ja, meist wird das Bachelorstudium mit großem Enthusiasmus begonnen, allerdings von einem Großteil der Studierenden nicht bis zum Abschluss durchgezogen. Andererseits gibt es so gut wie keine Informatikstudierenden, die nicht bereits während des Studiums (oft sogar in Vollzeit) in ihrem künftigen Beruf arbeiten, was in der akademischen Welt neuerdings dazu führt, die überhohe Quote an Studienabbrechern nicht mehr als „Drop outs", sondern als „Job outs" zu bezeichnen – das Fach steht schlichtweg kurz davor, Opfer seines Erfolgs zu werden. Eine qualitativ hochwertige Ausbildung ist so aber natürlich nicht zu erreichen.

Der Weg zum Mediziner weist noch eine weitere Besonderheit auf, die in der jahrtausendealten Tradition der Heilkunst begründet liegt. Man wusste nämlich von allem Anfang an sehr genau, dass Ärzte mit ihrem sehr speziellen Wissen auch sehr viel Unsinn anstellen können, und verpflichtete sie daher mit dem *Eid des Hippokrates* auf die auch heute noch gültigen Grundlagen ärztlicher Ethik, z.B. Kranken nicht zu schaden, nur das zu behandeln, was in der eigenen Kompetenz liegt, die ärztliche Schweigepflicht einzuhalten und dergleichen mehr.

Es ist interessant, dass nach Hiroshima und Nagasaki sehr bald die Rufe nach einer ähnlichen Grundlegung auch der Ingenieursethik lauter wurden und Günther Anders 1963 schließlich zu einem „Versuch der Formulierung eines universellen hippokratischen Eides“[91] veranlassten. Hier ein Auszug aus seinem Vorschlag:

> Da wir einsehen, dass viele der wissenschaftlichen, technischen, maschinellen und administrativen Arbeiten, die als völlig harmlos und untadlig gelten, schlechthin unverantwortbare Folgen nach sich ziehen könnten…,
> geloben wir,
> keine Arbeiten anzunehmen oder durchzuführen, ohne diese zuvor darauf geprüft zu haben, ob sie direkte oder indirekte Vernichtungsarbeiten darstellen;
> die Arbeiten, an denen wir gerade teilnehmen, aufzugeben, wenn diese sich als solche direkte oder indirekte Vernichtungsarbeiten erweisen sollten;
> denjenigen unserer Arbeitskollegen, die nicht wissen, was sie tun, über die Bewandtnis ihres Tuns die Augen zu öffnen;
> diejenigen Vorgesetzten, die uns zu solchen Vernichtungsarbeiten zu nötigen versuchen, als moralisch unzuständig abzuweisen beziehungweise diesen den Gehorsam zu verweigern, diese zu bekämpfen;
> und schließlich diesen Entschlüssen auch dann treu zu bleiben, wenn deren Einhaltungen mit Nachteilen oder Gefahren verbunden sein sollten.[92]

Wer jetzt glaubt, manche dieser Formulierungen seien dem philosophischen Ansatz Günther Anders', seiner „Übertreibung hin zur Wahrheit"[93], geschuldet, sei etwa auf den Protestbrief verwiesen, den 3.100 Google-Mitarbeiter im April 2018 an ihre Geschäftsführung richteten und diese zum Ausstieg aus dem Militärprojekt *Maven* aufforderten, in welchem eine KI zur autonomen Zielerkennung von militärisch genutzten Drohnen entwickelt werden sollte[94]. Auch heute ist der Begriff „Vernichtungsarbeiten" manchmal gar nicht weit entfernt von dem, womit sich Informatiker zu beschäftigen haben. Daher plädiere ich ganz ausdrücklich dafür, über einen ähnlichen Hippokratischen Eid in der Informatik nachzudenken.

Was soll ich tun?

Was also kann, was soll, was darf *Homo cyber* heute tun? Klang Kierkegaards Formulierung von der „Wahl der Verzweiflung" zunächst noch rätselhaft, so hat sich herausgestellt, dass es dabei vor allem um Ehrlichkeit und Verantwortungsübernahme geht. Um überhaupt wieder zu Optionen für verantwortungsvolles Handeln zu kommen, gilt es zuallererst, die Macht der digitalen Narrative zu brechen, wie umgekehrt Macht und Ermächtigung die Zentralbegriffe ethischen Handelns im Digitalen Wandel darstellen. Anders ausgedrückt: Informatik ist keine rein technische Disziplin mehr, sie ist zu einer politischen Disziplin geworden. In ihr geht es nicht mehr nur um Ingenieurskunst, sondern um Macht und ihre Ausfechtung. Sich dies bewusst zu machen stellt in jedem Fall einen wichtigen Schritt dar.

Macht hat stets auch mit Freiheit und Verantwortung zu tun, und genau dies erweist die Frage Kants „Was soll ich tun?“ auch heute noch als gültig – eine Frage, die angesichts des Wachstumspotenzials der Digitalökonomie lange Zeit zurückgedrängt wurde, bis hin zu jenem unsäglichen Wahlplakat der FDP, die allen Ernstes empfahl: „Digital first – Bedenken second.“ Seit allerdings das Thema der Künstlichen Intelligenz im öffentlichen Bewusstsein angekommen ist, liegt die ethische Frage klar auf dem Tisch, und sie wird auch nicht mehr verschwinden.

Eng mit der Frage politischer Macht verbunden ist die Frage einer Regulierung, die angesichts der bevorstehende Implementierung von KI in unsere ökonomischen und sozialen Prozesse dringend notwendig erscheint. Erstaunlicherweise sehen dies auch zahlreiche ihrer Befürworter so, wenn es auch, wie Sarah Spiekermann feststellt[95], mit einer mehrmonatigen Ethik-Diät für generative KIs nicht getan sein wird. Der aktuelle Vorstoß der EU, Künstliche Intelligenzen nach ihrer Wirkmacht zu klassifizieren und gegebenenfalls auch zu verbieten, stößt hingegen in eine richtige Richtung, da er auf nicht-technischer Ebene zum ersten Mal mit dem Narrativ des Rechners als Universalmaschine bricht und das Spektrum an potenziell fatalen Auswirkungen dieser Technologie anerkennt.

Ich wiederhole mich gerne: Der Einsatz spezieller KI-Anwendungen dort, wo sie menschliche Fähigkeiten übertreffen und im Einklang mit ethischen Prinzipien, wie sie etwa im Hippokratischen Eid formuliert sind, verwendet werden können, ist zu begrüßen. Wo dies allerdings den leisesten Zweifel weckt, ist schon große Vorsicht geboten, und wenn wir den Sündenfall mit der Atombombe nicht wiederholen wollen, dann führt an einer Ächtung insbesondere für militärische Verwendungszwecke kein Weg vorbei, so kompliziert sich das im Einzelnen auch gestalten mag.

Geht es schließlich um die Möglichkeit oder Unmöglichkeit *ethischer Algorithmen* jenseits utilitaristischer Lösungen, so erfordert diese Diskussion vielleicht sogar ein neues Paradigma im Hinblick auf die semiotische Trias von *Syntax, Semantik* und *Pragmatik*, das ich hier allerdings nur skizzieren kann.

Die *Semiotik*, die als die Wissenschaft von der Bedeutung des Symbols vor allem in der theoretischen Informatik einen wichtigen Platz einnimmt, beschäftigt sich traditionellerweise mit der Dreiheit von Symbol, Gegenstand und Interpretierendem und unterscheidet drei Ebenen[96]: die *syntaktische Ebene*, welche die formalen Beziehungen der Symbole untereinander regelt (in einer Sprache wäre das die Grammatik), die *semantische Ebene*, welche die Beziehung zwischen Symbol und Gegenstand beschreibt (also das, was ein Symbol inhaltlich meint), und die *pragmatische Ebene*, welche die Beziehung zwischen Symbol und Interpretierendem betrachtet (also das, was ein Symbol beim Interpretierenden auslöst).

Dieses Modell blendet jedoch aus, dass ein Symbol nicht vom Himmel fällt, sondern immer auch von einem „Autor" gesetzt wird, und dies mit einer gewissen Absicht. In unserem Kontext entspräche dies einer weiteren Ebene, die man (in Ermangelung eines besseren Wortes) vielleicht als *intentionale Ebene* bezeichnen könnte, da sie zur Beschreibung der Intention(en) des symbolsetzenden Agenten dient und damit auch seiner Möglichkeit und Bereitschaft, für die Setzung Verantwortung zu übernehmen. Einer Künstlichen Intelligenz wie ChatGPT lässt sich keine solche Intention zuschreiben (sie „halluziniert" ja nur), der menschlichen Intelligenz allerdings sehr wohl. Daher könnte ein solches semiotisches Modell die Diskussion um die Möglichkeit ethischer Algorithmen vielleicht neu beflügeln und zur weiteren Klärung der Frage nach der Verantwortung im Digitalen Wandel beitragen.

Alan Turing: Genie und Enigma

Wenn sein Name heute in der Öffentlichkeit fällt, verbindet man mit ihm meist seine Rolle beim Knacken der „Enigma", jener geheimnisumwitterten Chiffriermaschine der deutschen Wehrmacht, deren Entschlüsselung maßgeblich zum alliierten Sieg über die deutsche U-Boot-Flotte im Atlantik und zur Landung in der Normandie beitrug. Dabei war die eigentliche Grundidee Turings ziemlich naheliegend: Nachdem die Enigma im Prinzip eine mechanische Verschlüsselungsmaschine war, deren Verschlüsselungsfähigkeit wesentlich darauf beruhte, wie man sie zu Beginn einstellte (wofür es eine unglaublich große Anzahl von Möglichkeiten gab), schlug er einfach vor, für die Entschlüsselung ebenfalls eine Maschine zu bauen, die ihm zu Ehren später auf den leicht martialisch klingenden Namen „Turing-Bombe" hören sollte.

Nachbau einer Turingbombe in Bletchley Park (Wikimedia Commons, Foto: Ian Petticrew)

Alan Turing profitierte dabei enorm von der Vorarbeit einiger polnischer Mathematiker, die sich schon länger mit der Enigma beschäftigt hatten und ihren britischen Kollegen gleich nach Kriegsausbruch ihre Einsichten zukommen ließen. Dennoch waren Turings Arbeiten dermaßen brisant, dass manche vom britischen Geheimdienst bis sage und schreibe 2012 unter Verschluss gehalten wurden, wie überhaupt ohne seine wissenschaftlichen Beiträge der Computer, wie wir ihn heute kennen, undenkbar wäre.

Seinen Ruf begründete Alan Turing 1936 im Alter von 23 Jahren mit einer Veröffentlichung unter dem (zumindest in deutschen Ohren) leicht kurios klingenden Titel „On Computable Numbers, with an Application to the Entscheidungsproblem". Es geht darin um die Frage, ob es Zahlen geben kann, die sich nicht berechnen lassen, genauer gesagt: zu deren Berechnung kein endlicher Algorithmus existiert. Während der österreichische Logiker Kurt Gödel einige Jahre zuvor mit seinem Unvollständigkeitssatz derartige Dinge auf rein formale Weise klärte, rückte Turing dem Problem konstruktiv zu Leibe und dachte sich eine Apparatur aus, die aus einem unendlich langen Papierstreifen als beschreibbarem Speicher und einem beweglichen Schreib-/Lesekopf als logischer Kontrolleinheit bestand, welche in Abhängigkeit von ihrem internen Zustand die Symbole auf dem Papier manipulieren konnte. Diese „Turingmaschine" erlaubte es ihm, überhaupt erst einmal eine präzise Definition des Begriffs „Algorithmus" einzuführen und so eine entscheidende Grundlage für die theoretische Informatik zu legen. Damit nicht genug: Durch eine brillante Verallgemeinerung gelangte er davon ausgehend zur Idee einer „universal computing machine", mit der sich die

Funktionalitäten aller möglichen solcher Apparate realisieren ließen – grundlegend für heutige Rechner, bei denen wir ja ebenfalls ein und dieselbe Hardware für alle möglichen Zwecke nutzen.

Von hier war es für ihn nur ein kleiner Schritt zu seinem großen Traum, ein „elektronisches Gehirn" zu bauen: Die Idee der Künstlichen Intelligenz war geboren. Die Frage allerdings, ob eine Maschine wirklich „denken" könne, vermochte nicht einmal ein Turing schlüssig zu beantworten. Immerhin formulierte er ein heute noch gültiges Kriterium dafür, den sogenannten Turing-Test, demzufolge man einer Maschine „Intelligenz" zuschreiben müsse, wenn sich bei einem Frage-Antwort-Spiel ihr Verhalten nicht mehr von dem eines Menschen unterscheiden lässt.

Aller Theorielastigkeit zum Trotz war Turing aber auch ein alter Bastler und beschäftigte sich intensiv mit praktischen Problemen. Unbestrittenes Highlight ist sein Vorschlag für den Bau einer billigen Speicherzelle. Um 1950 war der letzte Schrei der Speichertechnik das „Mercury Memory" (siehe Abbildung rechte Seite). Dabei leitete man Daten als Ultraschallsignale durch Röhren mit flüssigem Quecksilber, um sie dann, sobald sie am Röhrenende angekommen waren, gleich wieder an den Anfang zurückzuspielen. Die dabei aufgrund der Schallgeschwindigkeit im Quecksilber auftretende Verzögerung nutzte man dann zur Speicherung. Turings Vorschlag war deutlich origineller: Er fand heraus, dass verdünnter Alkohol für diese Zwecke ähnlich gut geeignet war, und schlug als Speichermedium kurzerhand Gin vor – zumindest aus Sicht der „kulinarischen Informatik" schade, dass man das nicht weiterverfolgt hat …

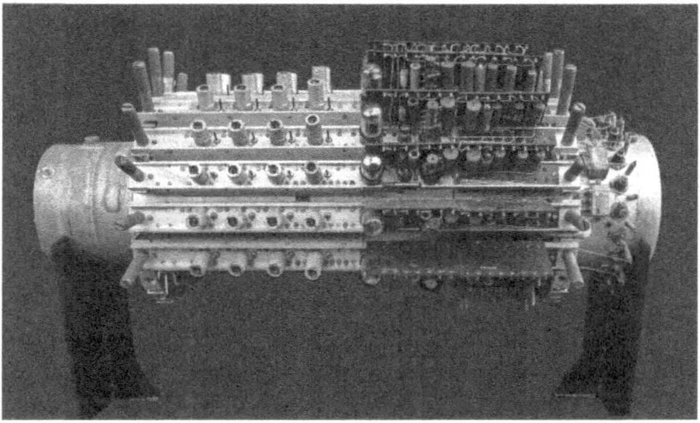
„Mercury Memory“: Quecksilberspeicherzelle der UNIVAC 1951
(© Mark Richards. Courtesy of the Computer History Museum)

Aus seiner Homosexualität hat Turing sein Leben lang keine große Angelegenheit gemacht, wiewohl sie im damaligen England als ein strafwürdiges Verbrechen galt. Seine Naivität sollte zu einer der großen Tragödien der Wissenschaftsgeschichte führen: Durch einen dummen Zufall geriet er 1952 in die Fänge der britischen Justiz und wurde vom Gericht zu einer Hormonbehandlung verurteilt, die ihn von seiner Veranlagung „heilen“ sollte. Stattdessen brach sie seinen Lebenswillen. Man fand ihn am 8. Juni 1954 frühmorgens tot in seinem Haus, daneben ein angebissener Apfel, mit Zyankali versetzt …

Dass dieser Apfel die Inspiration für das Apple-Logo abgegeben habe, wurde oft kolportiert, von der Firma aber stets bestritten. Unstrittig ist hingegen, dass es nach seinem Selbstmord fast sechs Jahrzehnte dauern sollte, bis Turing von Queen Elizabeth II. 2013 posthum rehabilitiert wurde. Die moralische Schuld der Gesellschaft an seinem (und nicht nur seinem) Schicksal ist aber so einfach nicht zu tilgen …

Capriccio: Von Programmier- und anderen Sprachen

(Juli 2023. An einem glühend heißen Nachmittag sitzen Homo cyber und Homo faber in einem Wiener Kaffeehaus und sprechen von alten Zeiten …)

H.c. Die Reise ging also in New York los?

H.f. Ja, wir starteten in LaGuardia. Drei Stunden Verspätung, wegen einem Schneesturm. Ich war damals mit Ivy zusammen und froh, dass ich endlich wegkam.

H.c. Und dabei trafst Du dann Joachim?

H.f. Nein, seinen Bruder. Im Sitz neben mir. Er war auf der Reise zu Joachim … Stell' Dir diesen Zufall vor. Ich meine, ich bin Ingenieur, das weißt Du. Wir suchen Lösungen, nicht Erklärungen …

H.c. Und dann?

H.f. Na ja, das war ja erst der Anfang … Wir hatten eine Notlandung, irgendwann ging es weiter. Ich war ja eigentlich beruflich unterwegs, bin dann aber mit zu Joachim gefahren. Er war tot.

H.c. Was? Das wusste ich nicht …

H.f. Ja, traurig das. Sehr traurig. Ich erledige dann meine Sachen in Caracas, fliege zurück nach New York und dann mit dem Schiff nach Europa. Und stell' Dir vor, wen ich auf dem Schiff kennenlerne?

H.c. Nun?

H.f. Die Tochter von Hanna.

H.c. Hanna?

H.f. Ja, Hanna. Meine große Liebe. Die ich heiraten

wollte, aber die mir Joachim dann weggeschnappt hat. Erinnerst Du Dich nicht?

H.c. Ach ja … Wie geht es ihr?

H.f. Ganz gut. Genauer weiß ich es ehrlich gesagt nicht, müsste ich erst schnell beim Frisch nachschauen… Jedenfalls …

H.c. Hast Du sie denn wiedergesehen?

H.f. Ja, ich bin extra mit dem Auto nach Athen gefahren, dort lebt sie momentan.

H.c. Mein Gott, Walter! Und wie ich Dich kenne, hast Du ihr gleich einen Heiratsantrag gemacht?

H.f. Ja, tatsächlich. Zuvor war ich aber erst noch einmal in Amerika, und dort habe ich beschlossen, mein Leben zu ändern.

H.c. Dein Leben ändern?

H.f. Ja … Ich war vier Tage in Havanna, hatte nichts zu tun und zum ersten Mal einfach die Zeit genossen. Mich umgeschaut, die Mädchen, Zigarren, die Nächte draußen so heiß wie heute – das Leben einfach … Das kennst Du natürlich nicht. Wenn man die ganze Zeit nur auf social media abhängt …

H.c. Glaubst Du wirklich …?

H.f. Ja sicher. Quick and dirty, das hieß dort noch etwas anderes als heute bei euch Hackern …

H.c. *(peinlich berührt):* Wenn Du meinst …

H.f. Ja klar. Schau Dir doch nur mal eure Programme an. Dieses traurige Pseudoenglisch… `IF … THEN`, `WHILE … DO`, `GOTO` … und dann noch diese hässlichen Klammern überall in diesem – wie heißt es doch gleich – C++ oder so: geschweifte Klammer auf, geschweifte Klammer zu, ohne jeden Sinn für Ästhetik …

H.c. Aber hallo. Die Dinger sind halt einfach praktisch.

H.f. Das kann schon sein. Aber verstehst Du nicht: Leben ist etwas anderes. Das Leben ist schön!!

H.c. Ja ja, blablabla. Und überhaupt: es gibt auch „schöne" Programmiersprachen …

H.f. Ach ja? Da bin ich aber gespannt.

H.c. Hast Du schon einmal von Piet gehört?

H.f. Piet? Nee. Ich kenne nur Piet Mondrian, den Malermeister, weißt Du, mit diesen viereckigen bunten Flächen in allen Bildern.

H.c. Na sehr gut, genau darauf will ich hinaus. Piet ist eine Sprache, in der Programme aussehen wie Mondrian-Bilder.

H.f. Was? Sowas gibt es? Und wie soll das gehen?

H.c. Na ja, man fängt bei so einem Bild einfach links oben an und geht dann ringsherum wie bei einer Spirale, bis man in der Mitte landet, und jedes Mal, wenn man auf ein Viereck mit einer neuen Farbe kommt, ist das ein bestimmter Befehl. Eigentlich ganz einfach …

H.f. Faszinierend. Gibt es da noch mehr davon?

H.c. Oh ja, jede Menge. Chef zum Beispiel, da liest sich jedes Programm wie ein Kochrezept. Oder SPL, die Shakespeare Programming Language, da klingt alles nach einem Theaterstück, Romeo und Julia streiten sich mit Hamlet und so …

H.f. Ist das cool …

H.c. Ja, und hier in Wien, gleich um die Ecke, hat ein Informatiker an der Uni sogar eine Programmiersprache nur für Weihnachtsmänner erfunden: Hohoho!

H.f. *(kann sich ein Grinsen nicht verkneifen):* Das war aber nicht ernstgemeint, oder?

H.c. Hmm, ehrlich gesagt: das weiß man bei dem nie … Aber ganz egal, man lernt auch bei diesen Sprachen allemal etwas. Meine Lieblingssprache ist aber INTERCAL.

H.f. Warum?

H.c. Dort musst Du bei ungefähr jedem dritten Befehl ein „Please!“ dazuschreiben, sonst wird das Programm wegen Unhöflichkeit nicht ausgeführt. Wenn Du das aber zu oft hinschreibst, dann funktioniert es auch nicht, denn dann glaubt der Computer, du bist ein Schleimer …

H.f. *(laucht lauthals auf):* Der war gut!

H.c. Und es gibt noch etwas Lustiges: statt `GOTO` haben wir dort nur den Befehl `COME FROM`.

H.f. *(kommt aus dem Lachen nicht heraus):* `COME FROM`… `COME FROM`…

H.c. Das ist kein Witz! Und wenn Du ein kleines bisschen drüber nachdenkst, hat das eine ganz schön tiefe Bedeutung, auch wenn es natürlich als Parodie gemeint war.

H.f. Aha, und welche bitte?

H.c. Du warst es doch, der sich vorhin über das Pseudoenglisch der Programmiersprachen aufgeregt hat, wo immer alles Schritt für Schritt, eines nach dem anderen, stehen muss. Das ist hier mal umgekehrt. Wie soll ich sagen? Die Kausalität, die Dir als Ingenieur so wichtig ist, verschwindet plötzlich, verstehst Du?

H.f. Ja, das stimmt. Interessant. Das ist es ja, was ich gemeint habe: an diesem Pseudoenglisch stört mich am meisten, dass alles immer so steif ist. S-P-O, Subjekt-Prädikat-Objekt, das ist ja beim Englisch in der

Schule schon so furchtbar, man hat überhaupt keine Freiheiten, weil sonst sofort der Satz unverständlich wird, wenn einmal diese Reihenfolge anders ist. Ich würde mir stattdessen eine Sprache wünschen, die – wie soll ich sagen …

H.c. … poetischer ist?

H.f. Ja genau: mehr Freiheiten hat, und trotzdem ganz klar sagt, was Sache ist, weil das muss eine Computersprache ja wohl … Könnte man denn nicht zum Beispiel, sagen wir mal, in Latein programmieren?

H.c. Du wirst lachen: ja, das geht. Ein Amerikaner hat das gemacht, Damian Conway. Er ist Spezialist für eine Sprache namens Perl und hat sich dafür eine lateinische Fassung ausgedacht.

H.f. Mit den ganzen tausend Fällen und so …?

H.c. Na ja, nicht übertreiben, es sind ja nur sechs. Aber alle schauen verschieden aus, und deswegen kann man viel flexiblere Befehle formulieren und weiß trotzdem ganz genau, was sich auf was bezieht. Da kann ein `GOTO` schon einmal ganz am Ende oder irgendwo mittendrin stehen …

H.f. Großartig! Na dann … *aut prodesse volunt aut delectare poetae*, nützen und unterhalten wollen sie also, die Programmierer…

H.c. Wow, wusste gar nicht, dass Du Deinen Horaz noch so drauf hast … Darauf noch eine Mehlspeise …? – Ober! Ober! Kommen Sie endlich mal!!

Kellner *(vom anderen Ende des Cafes):* Hearst, pudel di ned so auf, seid's deppert? I kumm ja eh scho …

(Schnitt)

Mathematik besitzt nicht nur Wahrheit, sondern höchste Schönheit – die kalte und herbe Schönheit einer Skulptur, von erhabener Reinheit und zu ernster Vollkommenheit fähig, wie nur größte Kunst sie zu zeigen vermag.
(Bertrand Russell)

DAS SCHÖNE

Stephen Hawking hat einmal angemerkt, dass nach Auskunft seines Verlegers jede Formel in einem Buch dessen Verkaufszahlen halbiert. Vor diesem Hintergrund bin ich zutiefst dankbar für alle Leser, die es bis hierher geschafft haben. Die gute Nachricht: Zum Ausgleich werden wir uns in diesem Kapitel mit Fußball beschäftigen. Vor allem aber soll es um das Schöne gehen, ein Thema, dessen Bezug zur digitalen Welt vielen von uns mehrmals täglich im wahrsten Sinne des Wortes auf der Hand liegt, solange diese nämlich ihr iPhone hält und dessen wohltuend glatte Oberfläche spürt und streichelt. Nicht umsonst gilt gerade das Design dieses Geräts als Meilenstein der Ästhetik des 21. Jahrhunderts.

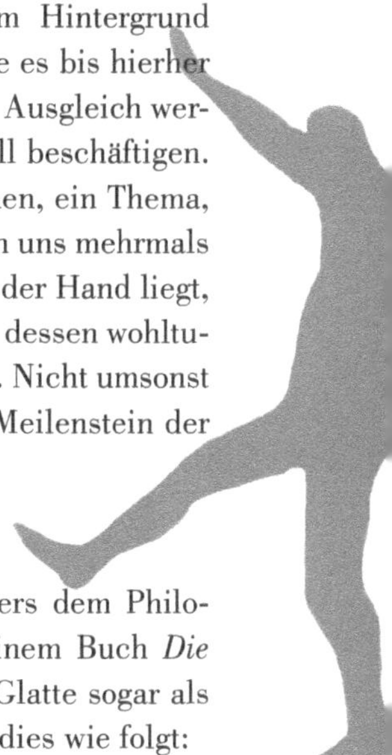

Die Ästhetik des Glatten

Die Ästhetik des Glatten hat es besonders dem Philosophen Byung-Chul Han angetan. In seinem Buch *Die Errettung des Schönen* beschreibt er das Glatte sogar als „Signatur der Gegenwart“ und begründet dies wie folgt:

> Es verbindet die Skulpturen von Jeff Koons, iPhone und Brazilian Waxing miteinander... Über die ästhetische Wirkung hinaus spiegelt es einen allgemeinen gesellschaftlichen

> Imperativ wider. Es verkörpert nämlich die heutige *Positivgesellschaft*. Das Glatte *verletzt* nicht. Von ihm geht auch kein Widerstand aus. Es heischt *Like*. Der glatte Gegenstand tilgt sein *Gegen*. Jede Negativität wird beseitigt …[97]

Und jetzt kommt's:

> Das Glatte beschränkt sich nicht auf das Äußere des digitalen Apparats. Auch die Kommunikation, die über den digitalen Apparat erfolgt, wirkt geglättet, denn es werden vor allem Gefälligkeiten, ja Positivitäten ausgetauscht. Sharing und Like stellen ein kommunikatives Glättmittel dar. Negativitäten werden eliminiert, weil sie Hindernisse für die beschleunigte Kommunikation darstellen … Das Schöne erschöpft sich im *Gefällt-mir*. Ästhetisierung erweist sich als Anästhetisierung.[98]

Ähnlich wie beim Wahren, wo wir feststellten, dass sich ein Rechner keineswegs mit Zahlen auseinandersetzt, sondern primär mit Wahrheitswerten, und wie beim Guten, wo sich die Suche nach ethischen Algorithmen am Optimierungsverhalten der Algorithmen selbst ausrichtet, gibt es also auch beim Schönen einen direkten Bezug zwischen physischer Maschine und den über sie und mit ihr transportierten Inhalten. Dass aber auch hier der Welpenschutz abgelaufen ist, zeigt sich an der rasanten Zunahme, die *Hate Speech* in den letzten Jahren erfahren hat. Bevor wir uns mit Hass und Hässlichkeit beschäftigen, zunächst noch eine Prise Kant.

Die dritte Frage

Schon im bisherigen Verlauf haben wir uns ja über weite Strecken von Kant als Kompass leiten lassen. Seine epistemologische Frage – Was kann ich wissen? – in Verbindung mit der *Kritik der reinen Vernunft* thematisierte die Frage nach dem Wahren, und seine ethische Frage – Was soll ich tun? – zusammen mit seiner *Kritik der praktischen Vernunft* half uns dabei, das Problem des Guten zu adressieren.

Nun hat Kant aber bekanntlich noch eine dritte Frage gestellt und auch noch eine dritte *Kritik* geschrieben. Zwar ist der Zusammenhang zwischen dieser dritten Frage – Was darf ich hoffen? – und seiner *Kritik der Urteilskraft* auf den ersten Blick nicht so unmittelbar wie in den anderen beiden Fällen, denn oft interpretiert man diese Frage eher in religiöser Hinsicht. Dennoch scheue ich mich nicht, dem Gedanken, dass beides doch zusammenhängen könnte, zumindest spekulativ nachzugehen.

In der *Kritik der Urteilskraft* geht es, jedenfalls im ersten und größeren Teil, um Schönheit und Erhabenheit[99]. Dies bringt uns gleich schon wieder in eine Verlegenheit, denn Schönheit, gar Erhabenheit, ist nicht dafür bekannt, im informatischen Denken die erste Geige zu spielen. Ganz im Gegenteil: „Quick and dirty" – so lautet nach einem weitverbreiteten Klischee (und nicht nur danach) für viele Programmierer auch heute noch das höchste aller Gefühle. Gemeint damit ist ein Arbeitsstil, der nicht durch Systematik und Durchdachtheit glänzt, sondern eher aus dem Bauch heraus schnelle Lösungen produziert. Zu deutsch: Wir reden von Hackern und Hacken.

Kein Platz für Hässlichkeit

Doch was bedeutet „Schönheit" in einer technischen Disziplin überhaupt? Wo kann und soll sie dort ihren Platz haben? Werfen wir hierzu einen Blick hinüber zur großen Schwester der Informatik, der Mathematik. Dort hat man mit diesem Begriff weniger Probleme, eher im Gegenteil, denn wie G. H. Hardy es einmal formulierte: „In der Welt ist kein Platz für hässliche Mathematik“[100]. Schönheit wird in diesem Zusammenhang meist mit Eleganz gleichgesetzt, und warum sollte das nicht auch für andere technische Disziplinen gelten?

Man kann die Frage nach Schönheit in der Mathematik jedoch auch ganz anders angehen, wie dies Max Bense (selbst Informatiker der ersten Stunde) in seiner *Stilgeschichte der Mathematik* gezeigt hat. Bense orientiert sich hierbei an verschiedenen Architekturepochen und stellt jeweils einen direkten Zusammenhang mit dem mathematisch-algorithmischen Denken der entsprechenden Zeit her[101]. Während demnach in der griechischen Antike, in der Euklid und seine Geometrie das mathematische Maß aller Dinge waren, die Linie eine zentrale Rolle spielte und die Architektur klassischer Tempel prägte, konzentrierte sich die Mathematik der Renaissance auf algebraische Zahlenverhältnisse (also Bruchrechnen) und die sich daraus ergebende Frage architektonischer Proportion, etwa den sogenannten *goldenen Schnitt*. Kurven hielten im Barock Einzug in die Architektur, während sie zeitgleich durch Leibniz und Newton der mathematischen Analyse zugänglich wurden, als diese die Differentialrechnung erfanden. Zuletzt unterscheidet Bense auch noch die Epoche des romantischen Stils in der Mathematik, dem er – in Anlehnung an den Kult um das einsam-schöpferische Genie – eine „partikularistische Auffassung“ bescheinigt, bei der die Konstruktion konkreter Lösungen wichtiger wurde als allgemeine Fragen ihrer Existenz. Hier sind wir dann schon sehr nahe am algorithmischen Denken, das sich ja in aller Regel mit sehr konkreten Problemen beschäftigt. Anders ausgedrückt: Es geht nun weniger um ein Denken in Systemen und mehr um ein Denken in Problemen, und genau daran leiden wir heute ja. Die Schildkröte löst ihre Probleme Schritt für Schritt, während sie unbeirrt dabei zusieht, wie das Gesamtsystem spektakulär baden geht.

Der goldene Schnitt

Wie charakterisiert nun der Mathematiker die Eleganz eines Konzepts oder eines Beweises? Jerry P. King führt dies auf zwei grundlegende Prinzipien zurück. Das *Prinzip der minimalen Vollständigkeit* besagt, dass ein mathematisches Konzept alle Eigenschaften beinhalten sollte, die es zur Erfüllung seiner Aufgabe benötigt, aber eben auch nicht mehr – hierin *Ockham's Rasiermesser* nicht unähnlich. Das *Prinzip der maximalen Anwendbarkeit* erfordert dagegen, dass diese Eigenschaften möglichst weit über die ursprüngliche Aufgabenstellung hinaus anwendbar, also generalisierbar, sein sollen[102].

Sehen wir uns zur Veranschaulichung ein Beispiel an: das Verfahren der *Rekursion*. Hierbei handelt es sich – grob gesprochen – um die wiederholte Anwendung eines mathematischen Konzeptes auf sich selbst. Ein berühmtes Beispiel hierfür sind die *Fibonacci-Zahlen*, denen vor allem der Film über den „Da Vinci-Code“ zu breiter Bekanntheit verholfen hat. Sie sind wie folgt definiert: Die ersten beiden lauten 1, ab dann ergibt sich jede neue Fibonacci-Zahl als Summe der beiden vorhergehenden.

Das heißt, die dritte solche Zahl ist die Summe der ersten beiden: 1 + 1 = 2. Die vierte ist dann die Summe der zweiten und dritten, also 1 + 2 = 3. Dann geht es weiter mit 2 + 3 = 5, 3 + 5 = 8, 5 + 8 = 13, 8 + 13 = 21 usw.

Obwohl jede Fibonacci-Zahl also eigentlich von allen bisherigen abhängt, genügt es für ihre Berechnung, nur die beiden letzten herzunehmen, denn in diesen ist bereits alle notwendige Information enthalten. Das aber heißt, dass man sie gar nicht alle der Reihe nach kennen muss, um sie zu beschreiben. Vielmehr genügt es, die beiden ersten explizit hinzuschreiben (nämlich zweimal die 1) und zudem die Rechenvorschrift zu kennen, dass sich jede neue Fibonacci-Zahl als Summe der beiden vorhergehenden berechnen lässt. So wenden wir also die Definition der Fibonacci-Zahlen immer wieder auf sich selbst an, daher die Bezeichnung *Rekursion*. Kurz und bündig: Das nennt man elegant!

Die entstehende Zahlenreihe hat übrigens ausgesprochen überraschende Eigenschaften, auf die wir immer wieder stoßen, wenn wir uns symmetrische Strukturen in der Natur anschauen, etwa die Anordnung von Kernen in einer Sonnenblume. Und auch das Verhältnis zweier aufeinanderfolgender Fibonacci-Zahlen ist hochinteressant: Je weiter wir in der Reihe voranschreiten, desto mehr nähern sich diese Brüche nämlich dem *goldenen Schnitt* an, der in bildender Kunst und Architektur als Synonym für ausgewogene Proportionen gilt. Konkret ergibt die Berechnung: 1/1 = 1,0; 2/1 = 2,0; 3/2 = 1,5; 5/3 = 1,666…; 8/5 = 1,6; 13/8 = 1,625; 21/13 = 1,615384… usw. – wie man sieht, kommt man so dem wahren Wert des goldenen Schnitts, nämlich 1,6180339887…, unaufhaltsam näher und näher.

Teile und herrsche

Rekursionen sind aber auch für Algorithmen wichtig, allerdings geht es dem Informatiker meist eher um Fragen der Effizienz. Zum Beispiel besteht eine sehr beliebte Lösungsstrategie für komplexe Probleme darin, sie erst einmal in kleinere, aber strukturell identische Probleme aufzuteilen. Das ist an sich nichts Neues und eigentlich seit Cäsar bekannt, nur dass es heute nicht mehr in gepflegtem Latein „divide et impera", sondern „divide and conquer" heißt – teile und herrsche! Wenn man anstatt vor einem großen vor mehreren kleineren Problemen steht, sich aber an der eigentlichen Problemstellung nichts geändert hat, dann spricht nichts dagegen, jedes einzelne der kleineren Probleme wiederum in noch kleinere zu zerlegen, und siehe da: In diesem Fall bedeutet *Rekursion*, dass wir eine Lösungsstrategie auf sich selber anwenden, und zwar solange, bis die allerkleinsten Probleme schließlich trivial geworden sind.

Ein klassisches Beispiel: Wir wollen die Menge {13, 3, 2, 21, 1, 1, 8, 5} der Größe nach sortieren. Wie könnte man das anstellen? Nun ja, eine naive Idee wäre es, zunächst die kleinste Zahl in der Menge zu identifizieren, danach die zweitkleinste usw. Da es um acht Zahlen geht, braucht man für einen solchen *Brute force*-Ansatz acht relativ aufwendige Suchvorgänge, wobei wir im Prinzip jedesmal alle Zahlen miteinander vergleichen (bei genauem Hinsehen ergibt dies insgesamt 28 Vergleichsvorgänge[103]). Das Ganze geht aber auch viel schneller, und zwar so: Wir nehmen zunächst irgendeine der Zahlen her, zum Beispiel die 5. Dann teilen wir die Ursprungsmenge in zwei Hälften: In die eine kommen alle Zahlen, die kleiner als 5 sind, in die andere alle Zahlen, die größer als 5 sind, und hier stecken wir ganz links auch noch die 5 hinein, also: {3, 2, 1, 1} und {5, 13, 21, 8}. Dann wählen wir aus diesen beiden Mengen wiederum irgendeine Zahl, zum Beispiel die 2 aus der ersten Menge und die 13 aus der zweiten Menge. Genau wie eben teilen wir dann beide Mengen wieder der Größe nach, d.h. aus der ersten Menge wird {1, 1} und {2, 3}, aus der zweiten wird {8, 5} und {13, 21}. Und das machen wir so lange, bis wir nur noch Mengen mit einer Zahl haben. In unserem Beispiel ist es schon im nächsten Schritt soweit, denn danach haben wir {1}, {1}; {2}, {3}; {5], {8} und {13}, {21}, und wie durch Zauberhand hat sich unsere ursprüngliche Menge der Größe nach sortiert, und zwar mit nur 17 Vergleichen. Applaus!! Und vor allem: Der Komplexitätsunterschied zwischen beiden Methoden wächst rasant an, wenn die Mengen größer werden. Geht es z.B. nicht nur um acht Zahlen, sondern meinetwegen um tausend, dann braucht die naive Methode etwa eine halbe Million Schritte (wir müssen ja tausendmal alle Zahlen miteinander vergleichen), die raffinierte dagegen nur ungefähr 10.000.

Das Ganze nennt sich *Quicksort*, und man kann beweisen, dass für x-beliebige Mengen dieses Sortierverfahren das schnellste seiner Art ist. Das ist deswegen so wichtig, weil das Sortieren von Zahlen eine sehr oft vorkommende Aufgabe in der Datenverarbeitung ist. Auch im *Da Vinci-Code* beginnt ja die Nachricht, die der Museumskurator vor seiner Ermordung gerade noch auf dem Fußboden des Louvre hinterlassen konnte, mit einer Reihe ungeordneter Zahlen: 13 – 3 – 2 – 21 – 1 – 1 – 8 – 5 (zufällig die, von denen gerade die Rede war)[104]. Erst nachdem man diese

Zahlen der Größe nach sortiert hat, wird klar, dass es sich um Fibonacci-Zahlen handelte. Wer weiß, wie dieser Kriminalfall sonst ausgegangen wäre ...

Wie viele Spiele hat die Fußballweltmeisterschaft?
Von Rekursionen wimmelt es aber auch in unserem Alltag. Als ich diese Zeilen schreibe, läuft im Fernsehen eine Übertragung der Fußballweltmeisterschaft der Frauen in Australien und Neuseeland, und das Finale von Wimbledon 2023 ist gerade ein paar Tage her. Beide Turniere haben eine K.-o.-Phase, die rekursiv aufgebaut ist: Im Finale von Sydney werden die beiden Mannschaften stehen, die zuvor im Halbfinale jeweils gegen zwei andere Mannschaften siegreich waren, welche alle zusammen im Viertelfinale jeweils wiederum andere Mannschaften bezwangen usw. Im Grunde ist das nichts anderes als ein ziemlich effizientes Verfahren zur Ermittlung der besten Mannschaft.

An einem solchen K.-o.-System lässt sich dank des ungarisch-amerikanischen Mathematikers Paul Halmos sehr schön zeigen, was man in der Mathematik unter einem „eleganten Beweis" versteht[105]. Stellen wir uns dazu eine einfache Frage: Wenn ich 16 Mannschaften habe, wie viele Spiele brauche ich dann insgesamt? Nun ja, das kann man natürlich einfach abzählen: 16 Mannschaften, d. h. wir beginnen mit dem Achtelfinale, welches so heißt, weil es da acht Spiele gibt. Es folgt das Viertelfinale mit vier Spielen, dann das Halbfinale mit zweien und schließlich noch das Finale, macht insgesamt $8 + 4 + 2 + 1 = 15$ Spiele, fertig.

Schaut man da etwas genauer hin, so stellt man fest: 8, 4, 2, 1 – das sind lauter Zweierpotenzen ($2^0 = 1$,

$2^1 = 2$, $2^2 = 4$, $2^3 = 8$), und das Ergebnis ist offenbar um 1 weniger als die nächsthöhere Zweierpotenz, nämlich $2^4 - 1 = 16 - 1 = 15$. Man kann sich leicht davon überzeugen, dass dies für alle Zweierpotenzen gilt, und so können wir im Handumdrehen sagen, wie viele Spiele ich beispielsweise für 64 antretende Mannschaften brauchen würde. In diesem Fall finden in der ersten Runde 32 Spiele statt, 32 ist aber nichts anderes als 2^5, und sofort kann ich schließen: Insgesamt gibt es dann $2^6 - 1 = 63$ Spiele.

So weit, so gut. Was aber geschieht, wenn die Anzahl der Mannschaften am Anfang keine Zweierpotenz ist? Wenn also z.B. keine 64, sondern nur 61 Mannschaften antreten? Schon wird es kompliziert, denn jetzt muss man Freilose verteilen, d.h. einige Mannschaften kommen kampflos weiter. Aber wie viele davon, und wie viele Spiele wird es in diesem Fall insgesamt geben?

Bevor wir das herausfinden (denn auf den ersten Blick ist das gar nicht so einfach zu klären), halten wir fest, dass wir es gerade mit der *maximalen Anwendbarkeit* zu tun haben: Wir suchen jetzt nämlich nach einer Lösung für eine *beliebige* Anzahl von Mannschaften in unserem Turnier, während wir bis jetzt nur einige Spezialfälle (nämlich die Zweierpotenzen) betrachtet haben.

Schauen wir uns diese Spezialfälle nochmals an, so fällt uns etwas Interessantes auf: Offenbar ist jedes Mal die Gesamtzahl der Spiele um 1 kleiner als die Zahl der ursprünglich angetretenen Mannschaften (bei 16 Mannschaften waren es 15 Spiele, bei 64 Mannschaften 63 Spiele usw.). Ist das Zufall, oder versteckt sich dahinter vielleicht eine allgemeine Formel, die da lautet: Die Anzahl der Spiele in einer K.-o.-Runde ist immer um eins kleiner als die Anzahl der ursprünglich angetretenen Mannschaften? Und wenn ja, warum?

An dieser Stelle sei zunächst verraten: Zufall ist das keiner, und wer Lust hat, ist herzlich gerne dazu aufgefordert, kurz selbst darüber nachzudenken. Wir folgen währenddessen Paul Halmos, dem vorhin erwähnten Mathematiker. Er hat nämlich einen wunderschönen Beweis dafür gefunden, der auf das *Prinzip der minimalen Vollständigkeit* zurückgreift. Was bedeutet das konkret? Nun ja, jedes Spiel in einer K.-o.-Runde ist minimal dadurch charakterisiert, dass es einen Sieger und einen Verlierer hat. Anders ausgedrückt: Pro Spiel scheidet genau eine Mannschaft aus dem Turnier aus. Andererseits steht der Turniersieger genau dann fest, wenn alle außer ihm ausgeschieden sind. Und siehe da, wir sind schon fertig, ohne mit dem Zählen auch nur begonnen zu haben: Wenn nämlich pro Spiel eine Mannschaft ausscheidet und alle Mannschaften bis auf eine ausscheiden müssen, dann brauchen wir dafür logischerweise immer genau ein Spiel weniger als Mannschaften antreten, egal wie viele das sind. Was zu beweisen war, oder wie Halmos schreiben würde: ■ (denn dieses in der Mathematik weitverbreitete Symbol für den Abschluss eines Beweises geht ebenfalls auf ihn zurück).

Ballett der Befehle

Was haben wir dabei gelernt? Offenbar hat mathematische Eleganz viel mit Ballett zu tun: Die einzelnen Schritte (beispielsweise eines Beweises) werden möglichst einfach gehalten und greifen wie die Rädchen eines Uhrwerks möglichst reibungslos ineinander. Außerdem haben wir einen ersten konkreten Eindruck erhalten, worum es beim *algorithmischen Denken*, diesem in der Diskussion um digitale Bildung so vielzitierten Begriff, eigentlich geht: die Suche nach einer Art Rezept, welches den Lösungsweg zu einem Problem Schritt für Schritt unmissverständlich vorgibt. Je mehr dieses Rezept einem Ballett der Befehle ähnelt, umso eleganter wird der Algorithmus und umso schöner (und oft auch effizienter) die Lösung.

Dieses Ballett Schülern und Studierenden nahezubringen, ist wohl die Essenz dessen, was den Mathematik- und Informatikunterricht in Schule und Universität begeisternd machen kann. Es geht dabei nicht um auswendig gelernte Rechenregeln und drillmäßig eingeübte Lösungsabläufe, sondern eigentlich um die Schönheit der dahinter liegenden Strukturen. Unterricht in diesen Fächern kann so spannend sein, wenn er interessante Rätsel löst und diese Lösungen dann auf Verallgemeinerung hin untersucht.

In der Informatik spielt aber noch eine andere Kunstform eine wichtige Rolle: die Architektur. Das lässt sich schon allein daran erkennen, in wieviel verschiedenen Kontexten der Informatiker von Architekturen spricht: Da gibt es die *Systemarchitektur*, die den Aufbau eines großen IT-Systems beschreibt, während sich die *Softwarearchitektur* dem Zusammenspiel einzelner Codemodule widmet. Eine *Sicherheitsarchitektur* ist für die Absicherung eines Systems gegen unerwünschte Eindringlinge zuständig, die *Rechnerarchitektur* sorgt dafür, dass die einzelnen Komponenten eines Computers gut zusammenpassen, und die *Prozessorarchitektur* regelt schließlich im Kleinsten, was in der CPU und ihrer unmittelbaren Umgebung so alles passiert.

Digitale Architektur

Auch in digitalen Architekturen spielen die Prinzipien von *minimaler Vollständigkeit* und *maximaler Anwendbarkeit* eine zentrale Rolle, insbesondere durch die Verwendung sogenannter *Abstraktionen*. Damit ist gemeint, dass Informatiker sehr stark in *Black Boxes* denken, in genau abgegrenzten Modulen, deren konkretes Innenleben egal ist, solange man weiß, was sie tun und wie sie über entsprechende Schnittstellen nach außen wirken. Damit lassen sich dann (in hierarchischer Weise) aus einzelnen kleineren Modulen größere zusammenbauen, für die wiederum dasselbe gilt – es interessieren also nur Funktionalität und die Schnittstellen nach außen[106]. So beschreibt etwa die Architektur eines Rechners, welche Aufgaben Prozessor, Hauptspeicher, Tastatur, Bildschirm, Maus, Netzanschluss etc. erfüllen und wie sie miteinander kommunizieren. Wie ein Prozessor oder eine Tastatur genau arbeiten, ist demgegenüber uninteressant. Letzten Endes können wir auch hier von einer Art Legospiel für Erwachsene sprechen, bei dem wir aus kleinen Legosteinen nach und nach immer größere Einheiten zusammenbauen, und gerade beim echten Lego funktioniert das deshalb so gut, weil die Noppen an den Schnittstellen stets perfekt zusammenpassen. Dasselbe gilt übrigens auch für Code, man hat dafür sogar eigene Programmiersprachen mit sogenannter *Objektorientierung* erfunden.

Ich vergleiche dieses Vorgehen sehr gerne mit dem Bau einer mittelalterlichen Kathedrale, an deren Gelingen Fachleute diversester Disziplinen beteiligt waren – nicht umsonst stellen die Bauhütten der Gotik so etwas wie das *Silicon Valley des Mittelalters*[107] dar, Schmelztiegel sozusagen für das gesamte Wissen der Epoche. Jeder Maurer, jeder Steinmetz war dabei verantwortlich für eine ganz bestimmte modulare Aufgabe, die er nach bestem Wissen und Gewissen löste und dadurch Stück für Stück zum Baufortschritt beitrug. Wie genau jeder Einzelne dabei zu seinen Lösungen kam, blieb dabei sein Geheimnis, wichtig war nur, dass sich Stein an Stein, Statue an Statue und Pfeiler an Pfeiler fügte. Auf die Informatik übertragen hat dieses Bild der Historiker George Dyson, dessen Vater im Umfeld John von Neumanns direkt am Bau einiger der ersten Elektronikrechner nach dem Ende des Zweiten Weltkriegs beteiligt war, und der seinem Bericht über diese Epoche der Informatikgeschichte den enigmatischen Titel *Turing's Cathedral* gegeben hat[108].

Vom kathedralen Denken

Der Vergleich mit einer Kathedrale hat auch einen weiteren wichtigen Aspekt. An Kathedralen nämlich, so lehrt die Erfahrung, baut man in der Regel ziemlich lange. Die Errichtung des Kölner Doms erstreckte sich von 1248 bis 1880, also über sagenhafte 632 Jahre, und selbst heute ist man nicht viel schneller, wie sich an den bislang 140 Jahren Bauzeit der *Sagrada Familia* in Barcelona ablesen lässt. Das aber bedingt ein besonderes, zeit- und epochenübergreifendes Bewusstsein bei den am Bau Beteiligten. Keiner von denen, die bei der Grundsteinlegung einer Kathedrale dabei waren, hat das Ende eines solchen Baus erlebt – und alle wussten das und gingen dennoch voran. Ebenso war jedem der Bauleute klar, dass er allein, ohne die anderen, nichts würde zustande bringen. Erst im synchronisierten Zusammenwirken aller entsteht dergleichen.

Wir wollen diese Geisteshaltung *kathedrales Denken* nennen, einen Begriff aufgreifend, den die junge schwedische Klimaaktivistin Greta Thunberg am 16. April 2019 bei ihrer Rede vor dem Europäischen Parlament prägte[109]. Kathedrales Denken sehen wir etwa bei Immanuel Kant, dessen Schriften heute, fast 250 Jahre nach ihrer Entstehung, von ungebremster Aktualität sind. Kathedrales Denken forderte (in anderen Worten) Hans Jonas ein, als er in seinem Buch *Prinzip Verantwortung* die generationenübergreifende Verantwortung und Sorge um den Zustand unseres Planeten und unseres Menschseins formulierte und allen Nachgeborenen ins Stammbuch schrieb: „Diese und ähnliche Fragen, die eine Antwort verlangen, bevor wir uns auf die Fahrt ins Unbekannte einlassen, zeigen aufs eindringlichste, wie weit unsere Macht des Handelns uns über die Begriffe aller früheren Ethik hinaustreiben (sic!).“[110] Und kathedrales Denken ist auch für den Digitalen Wandel gefragt, gerade heute, da wir mit dem Hype um die Künstliche Intelligenz an einem Punkt stehen, an dem die bisherigen digitalen Kathedralen ins Wanken geraten.

Denn so wenig das Digitale Zeitalter vom Himmel gefallen ist, sondern – wie wir gesehen haben – vieler Jahrzehnte, gar Jahrhunderte Arbeit vieler superschlauer Köpfe bedurfte, um nach und nach Gestalt anzunehmen, so wenig werden sich seine Folgen in Jahren oder Jahrzehnten denken lassen – allen sogenannten Innovationszyklen zum Trotz. Noch einmal: Die Zeit des Welpenschutzes ist vorbei, die unkathedralen Jahre der Schildkröte sind zu Ende. Wir müssen uns dringend Gedanken darüber machen, wie unsere Lebenswelt nicht in fünf, sondern in fünfzig, oder vielleicht sogar 200 Jahren aussehen soll, und sie demgemäß zu gestalten beginnen. Denn nur in solchen Maßstäben gedacht, kann *Homo cyber* erahnen, was exponentielles Wachstum heißt und warum das nicht mehr gutgehen kann. Dies der jungen Generation zu vermitteln und sie zugleich zu ermutigen, trotz aller Zweifel kraft- und mutvoll in die Zukunft zu blicken, gehört wohl mit zum Wichtigsten, was Schule und Universität heute zu leisten haben.

Eine Krise kommt selten allein

An dieser Stelle trifft sich zudem, wie unschwer zu erahnen, die digitale Krise mit jener von Klima und Umwelt (und vielleicht noch mit einigen anderen). Dabei könnten wir, wenn wir wollten, für die Bewältigung der einen Krise viel von anderen Krisen lernen. Für mich war beispielsweise einigermaßen überraschend, dass das globale Virus, das als *Corona* im Jahr 2020 die Welt überrollte, ein biologisches war – ich hätte eher darauf gewettet, dass uns ein Computervirus beehrt und unsere globale digitale Infrastruktur in den Notfallmodus schaltet, wie dies dem Coronavirus auf seine Weise geradezu problemlos gelang. Diese Krise hat andererseits gezeigt, was an plötzlichen Veränderungen möglich ist, wenn es nicht mehr anders zu gehen scheint. Ausgangssperren, Lockdowns, Maskenpflicht – lauter Dinge, die wir nur aus dem Fernsehen kannten und die von einem Tag auf den anderen Realität wurden.

Und warum? Weil wir die Folgen des Virus am eigenen Leibe erfuhren. Weil Menschen starben. Sie starben einen ebenso grausamen wie unnötigen Tod. Und uns, die wir zum Glück überlebten, warfen sie auf unsere Endlichkeit zurück. Offenbar brauchen wir solche physische Grenzerfahrungen, um zur Besinnung zu kommen, während wir uns in der virtuellen Welt der Computerspiele schon daran gewöhnt haben, mehrere „Leben" in der Hinterhand zu haben und mit diesen nicht weiter haushalten zu müssen.

Ähnliches beobachten wir aktuell in den Diskussionen um generative KI, insbesondere ChatGPT. Ich habe bereits angedeutet, dass aus rein technischer Sicht eigentlich nicht viel passiert ist, weil das Skelett von ChatGPT seit Jahrzehnten bekannt ist. Und dass Computerpower so stark wachsen würde, dass die schiere Größe neuronaler Netze im Zusammenspiel mit der schieren Masse verfügbarer Trainingsdaten irgendwann auch Sprachmodelle ermöglicht, die uns Menschen beeindrucken, war ebenfalls abzusehen. Schockierend neu war nur die Tatsache, dass wir alle plötzlich einen völlig niederschwelligen Zugang zu dieser Technologie erhielten, zum ersten Mal in unserem Alltag einer Künstlichen Intelligenz sozusagen Auge in Auge gegenüberstanden. So gesehen ist die Singularität, die ChatGPT ausmacht, eine Singularität der Schnittstelle und nicht eine der Technologie.

Darin liegt vielleicht sogar unsere Chance. Bislang verstand man im Gefolge von Nick Bostrøm unter *Singularität* vor allem jenen Augenblick, in dem eine Künstliche Intelligenz den Menschen endgültig überholt[111], und die Sorge drehte sich in erster Linie um die Frage, ob wir Menschen dann noch einen Platz auf dieser Erde haben oder über kurz oder lang einer Vernichtung durch die immer mächtiger werdende KI entgegensteuern. Am Beispiel von ChatGPT sehen wir eindrücklich, dass die Frage eine ganz andere ist: Lassen wir eine Künstliche Intelligenz so weit in unser Leben, dass sie unsere Welt möglicherweise zu unserem Nachteil verändert oder diese allmählich gar selbst in die Hand nimmt?

Informatik als politische Disziplin

Das aber ist in erster Linie eine politische Frage, und daher wiederhole ich: Informatik ist heute keine rein technische, sondern eine eminent politische Disziplin! Und nun kommt etwas ins Spiel, was beinahe vergessen scheint: Auch die Politik hat in ihrem tiefsten Sinn mit Schönheit zu tun. So hat Hannah Arendt – von Aristoteles ausgehend – die Tätigkeit des Politikers buchstäblich „im Bereich des ‚Schönen'" angesiedelt[112], ein Gedanke, den Byung-Chul Han so fortführt:

> Das *Handeln* macht das Leben des Politikers (*bios politikos*) aus. Es ist nicht dem Verdikt der Notwendigkeit und Nützlichkeit unterworfen [...] Weder Notwendigkeit noch Nützlichkeit sind Kategorien des Schönen. Die Politiker als freie Menschen müssen schöne Taten hervorbringen jenseits des Lebensnotwendigen und Nützlichen. Politisches Handeln heißt etwas ganz Neues beginnen zu lassen [...]
> Das Schöne (*to kalon*) geht sowohl bei Platon als auch bei Aristoteles weit über die ästhetische Empfindung hinaus. Aristoteles' Ethik der Glückseligkeit (*eudaimonia*) erweist sich als Ethik des *Schönen* [...] In der Eudemischen Ethik führt Aristoteles den eigenwilligen Begriff *kalokagathia*, das *Schöngute*, ein. Das Gute wird hier dem Schönen untergeord-

> net oder nachgeordnet. Das Gute vollendet sich im Glanz des Schönen. Die ideale Politik ist die *Politik des Schönen*. Gegenwärtig ist keine *Politik des Schönen* möglich, denn die heutige Politik ist ganz den systemischen Zwängen unterworfen. Sie verfügt kaum über Freiräume. Die Politik des Schönen ist eine Politik der Freiheit. Die *Alternativlosigkeit*, unter deren Joch die heutige Politik *arbeitet*, macht die genuin politische Handlung unmöglich. Sie *handelt* nicht, sondern *arbeitet*. Die Politik muß eine Alternative, eine wirkliche *Wahl* anbieten. Sonst verkommt sie zur Diktatur.[113]

Zwar kann man über seine Interpretation des „kaloskagathos“ streiten, das ja eigentlich „schön *und* gut“ (kalos *kai* agathos) gleichzeitig bedeutet, das Schöne und Gute also miteinander identifiziert, doch davon abgesehen liefert uns Han hier ein eindrucksvolles Plädoyer, was wir von den alten Griechen für unser Politikverständnis lernen können – und dringend sollten!

Zugleich sehen wir daran, dass sich eine politisch-gesellschaftlich verstandene Informatik nicht länger der Sphäre des rein Ökonomischen verschreiben darf, sondern zuallererst im Demokratischen verankert sein muss. Informatik hat der Handlungsermächtigung, der *Agency*, zu dienen, und zwar des einzelnen Bürgers wie der Gemeinschaft. So gesehen sind Informatik und Demokratie aufs Engste verwoben, und es geht bei der Digitalisierung der Demokratie um viel Wichtigeres, als irgendwelche Behördenabläufe zu optimieren oder Schnittstellen zum Staat geschmeidiger zu gestalten. Stattdessen plädiere ich eindringlich dafür, den digitalen Fokus auf die Ermöglichung eines demokratischen Diskurses zu legen, um so, im Sinne von Arendt und Han, neue Handlungsoptionen zu eröffnen.

Hass und Hässlichkeit

Es gibt dabei leider ein kleines Problem: In der Realität nämlich funktioniert dieser Diskurs vielleicht gerade noch im kleinen Kreise, doch trägt man ihn in die breitere Öffentlichkeit, endet er, einem Naturgesetz gleich, so gut wie immer in einer fatalen Mischung aus *Hate Speech* und Desinformation. Hass und Hässlichkeit – nicht nur sprachlich die Antipoden des Schönen, dominieren dann den gedanklichen Austausch und lassen sachlichen Argumenten kaum eine Chance.

Warum nur ist das so? Liegt es, wie Bernhard Pörksen meint, an der *großen Gereiztheit*, einer kollektiven Erregung in Zeiten einer „Empörungskybernetik", deren „digitale Fieberschübe" von einer eigenen „Emotionsindustrie" nur dazu verwendet werden, „um Aufregungen systematisch zu verstärken"[114]? Reagieren wir Menschen vielleicht auf die hohe Geschwindigkeit der Kommunikation mit Empfindlichkeit und verlieren deshalb ständig unseren Kopf? Oder haben wir Hass und Hässlichkeit doch nur jenem einen Prozent der Befragten zu verdanken, das regelmäßig in Umfragen offen zugibt, *Hate Speech* zu produzieren[115], dabei aber die digitale Harfe mit einer Virtuosität spielt, die kaum Abwehr zulässt?

Oder ist das wirklich ein Naturgesetz? Ich bin in meiner wissenschaftlichen Arbeit an anderer Stelle auf ein ähnliches Phänomen gestoßen, das uns vielleicht weiterhelfen kann[116]. Es ging ebenfalls um die Qualität von Kommunikation im Netz, allerdings auf techno-ökonomischer Ebene. Konkret fragte ich mich, wieviel guter Service in einem Kommunikationsnetz mit beschränkten Ressourcen (= Bandbreite) kosten sollte. Als Modell diente hierzu ein einfacher Feedback-Zyklus: Hohe Nachfrage führt aufgrund der beschränkten Bandbreite zu schlechterer Qualität, diese lässt sich nur billig verkaufen, was wiederum die Nachfrage weiter erhöht, die Qualität weiter verschlechtert und den Preis weiter nach unten treibt – ein typisches *race to the bottom* also. Als Ergebnis landet man letztlich in einem Gleichgewichtspunkt, in dem es schlechte Qualität für alle umsonst gibt.

Allerdings besitzt dieser Feedback-Zyklus noch ein zweites Gleichgewicht. Es wäre nämlich genauso denkbar, sehr gute Qualität zu einem hohen Preis zu verkaufen und dadurch die Nachfrage niedrig zu halten, was wiederum die Qualität hochhielte. Das wäre dann das Luxussegment, das sich nur wenige leisten können, während das erste Gleichgewicht der uns wohlvertrauten Situation im Netz entspricht, wo die Allgemeinheit Dienste quasi umsonst bekommt, aber eben nur in (tatsächlich so genannter) *Best Effort*-Qualität.

Die mathematische Analyse zeigt nun, dass außer diesen beiden Gleichgewichten kein weiteres existiert, das heißt, das System muss sich langfristig für eines der beiden entscheiden. Das Problem besteht darin, dass von den beiden Gleichgewichten nur eines stabil ist, und zwar das erste. Anders ausgedrückt: Das System könnte zwar theoretisch auch den zweiten Gleichgewichtszustand (Luxussegment) einnehmen, wird aber bei der geringsten Störung abstürzen und unausweichlich im ersten Gleichgewicht landen, welches es dann nicht mehr verlässt. Der *Homo cyber*-Silhouette auf dem Umschlag dieses Buches geht es ähnlich: Sie tanzt ihren Fandango auf dem Scheitelpunkt der Null – tritt sie nur einmal daneben, purzelt sie unausweichlich herunter. Dagegen verhält sich die Anziehungskraft des stabilen Gleichgewichtspunktes eher wie der Ablauf in der Badewanne, um den das Wasser immer enger kreist (bevor es gurgelnd darin verschwindet).

Auch demokratischer Diskurs entsteht aus der ständigen Rückkopplung zwischen den diskutierenden Teilnehmern, und daher könnte man hier durchaus ähnliche Kräfte zwischen den Gleichgewichten einer gelingenden Diskussion und einer von *Hate Speech* beherrschten Auseinandersetzung vermuten. Trifft dies zu, würde die Dynamik des Systems zwangsläufig zur Stabilität der Hässlichkeit führen, was wiederum bedeutet, dass ein „schöner", also politisch konstruktiver Diskurs im Netz, prinzipiell unmöglich wäre. Trübe Aussichten also.

Was darf ich hoffen?

Was aber kann, was soll, was darf *Homo cyber* dann noch hoffen? Um diese Frage zu beantworten, müssen wir uns zunächst einem Wort zuwenden, über das wir uns sonst kaum Gedanken machen, sieht man einmal von Richard Wagner ab, der dem „süßen Wörtlein: *und*" in seiner Oper *Tristan und Isolde* immerhin 41 Takte und ein knappes Dutzend Partiturseiten widmete[117].

Vermutlich kommt ein Wort für „und" in so gut wie jeder Sprache vor, die es überhaupt gibt, mit Ausnahme des Bulgarischen: Dort gibt es das Wort nämlich gleich zweimal. Ich habe vor Jahren begonnen, diese Sprache zu lernen, mit Hilfe eines sehr interessanten einsprachigen Lehrbuchs[118], welches die wichtigsten 400 bulgarischen Wörter in alphabetischer Reihenfolge vorstellt, und zwar jedes Wort mit einer Zeichnung. Wie der Zufall will, geht es dabei mit dem Wort „a" los, welches „und" bedeutet. Zugleich aber gibt es auch das Wort „i", ebenfalls mit „und" zu übersetzen. Deswegen zeigt die erste Seite zwei Zeichnungen: Auf der einen sind zwei Personen zu sehen, die eine geht nach links zur Post, die andere nach rechts zur Bank, zusätzlich mit jeweils einem Pfeil nach links bzw. rechts versehen: Das ist das „a-Und". Auf der zweiten Zeichnung lesen beide Zeitung und die Pfeile sind parallel: das „i-Und". Und schließlich gibt es im Bulgarischen auch noch das Wort „no", welches „aber" bedeutet: Hier sind die Pfeile gegeneinander gerichtet.

„a"-Und

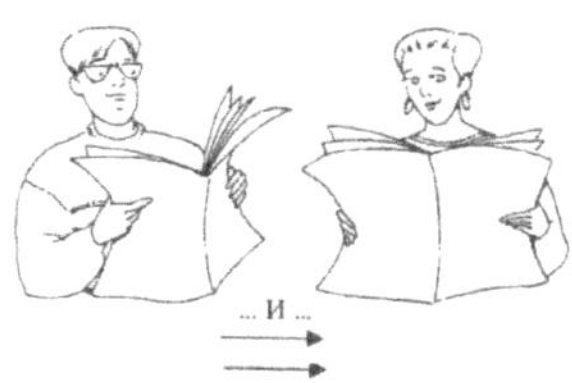

„i"-Und

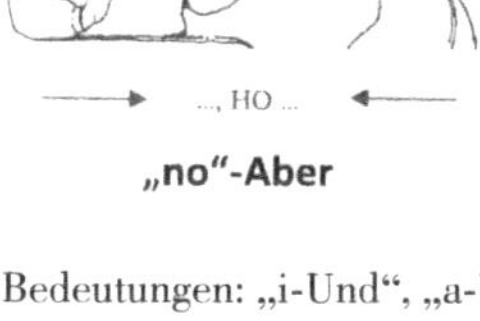

„no"-Aber

Zwei Wörter – drei Bedeutungen: „i-Und", „a-Und", „no-Aber" (Aus dem Lehrbuch „Survival Bulgarian", mit freundlicher Genehmigung durch Prof. Krassimir Stoyanov[118])

Was lernen wir daraus? Allzuoft hören wir im Diskurs des Digitalen Phrasen wie: „Die Digitalisierung (wahlweise auch KI / Blockchain / e-irgendwas...) beinhaltet große Chancen, aber auch entsprechende Risiken", so als ob wir durch Abwägung von beidem ein Kompromiss-Gleichgewicht irgendwo in der Mitte erreichen könnten, einen *Tradeoff* also, mit dem alle Seiten einigermaßen leben können: das „a-Und". Die Wahrheit hinter einer derartigen Phrase ist eine andere, nämlich dass die Digitalisierung (etc.) große Chancen *und* große Risiken *zugleich* beinhaltet, und wir das eine nicht ohne das andere bekommen werden: das „i-Und". Die schlechte Nachricht: Hier gibt es keinen Kompromiss. Vielmehr verhält es sich wie mit einem Medikament, dessen unerwünschte Nebenwirkungen wir nicht kontrollieren können. Wir stehen dann vor der Entscheidung, die Nebenwirkungen in Kauf zu nehmen oder auf das Medikament zu verzichten. Es gibt jedenfalls nichts dazwischen.

Mein Lieblingsbeispiel dafür betrifft die Abhörsicherheit im Netz. Wir alle wissen, dass das Internet für alle da ist, und schon aus diesem Grunde kann es niemals völlig sicher sein. Das Verwunderliche dabei: Wenn ich mit jemandem physisch spreche, ist mir vollkommen klar, dass die Schallwellen, welche die Luft zwischen uns hin- und herträgt, auch an fremde Ohren kommen können, und entsprechend verhalte ich mich. Im Netz jedoch, wo eine vergleichbare Situation vorliegt, haben offenbar die meisten von uns (und ich nehme mich da keineswegs aus) kein allzugroßes Problem damit, dieses Bewusstsein bei der ersten Gelegenheit stracks über Bord zu werfen.

Deswegen muss, wenn wir heute über die Zukunft des Digitalen Wandels sprechen, immer auch der Verzicht auf bestimmte Anwendungen oder sogar der Verzicht auf ganze Technologien eine reale Option darstellen. Das bedeutet nicht automatisch, dass wir in digitaler Abstinenz oder digitalem Eskapismus landen müssen (auch wenn es Aufgabe der Gesellschaft bleibt, dafür sorgen, dass solche Lebensformen weiterhin möglich sind). Den Unterschied zwischen „a-Und" und „i-Und" zu beherzigen, wäre jedenfalls ein Anfang.

Antonius Braun: Am Kaiserhof geht's ganz schön rund

Steve Jobs hat seinen Lebtag nicht die Lektion vergessen, die er von seinem Vater erhielt, als beide einmal einen Gartenzaun strichen. Während Steve sich dabei an der weithin sichtbaren Vorderseite nützlich machte, kümmerte sich Papa Jobs mit einer Hingabe sondergleichen um dessen Rückseite, die eigentlich nur auffiel, wenn man ganz genau hinschaute. Das führte den Junior natürlich prompt zur Frage, warum sein Vater hier dermaßen akribisch vorgehe. Die Antwort sollte seine ganze Zukunft prägen: Nur wenn man auf die Rückseite des Zauns soviel Sorgfalt verwendet wie auf die Vorderseite, sprach Papa Jobs, bekommt man einen perfekt gestrichenen Zaun. Denn auch wenn die Rückseite niemand sieht, ist es doch genug, dass sie da ist.

Dieselbe Einstellung leitete Antonius Braun, seines Zeichens kaiserlicher Hof-Opticus am Wiener Hof Karls VI. (dem schon Leibniz mit ähnlichem Zeugs in den Ohren gelegen war), als er 1727 eine Rechenmaschine von so überwältigender äußerer und innerer Schönheit schuf, dass sie noch heute, und das mit Fug und Recht, zu den Glanzstücken des Kunsthistorischen Museums Wien zählt (und nicht mehr, wie früher, im Technischen Museum ausgestellt ist).

Vorangegangen war für Braun eine Zeit unsteter Wanderschaft: In eine schwäbische Uhrmacherfamilie hineingeboren, verschlug es ihn schon früh nach Wien, dann nach Prag und schließlich nach Mailand. Dort mag er von den Projekten gehört haben, die sein Erfinderkollege Giovanni Poleni im benachbarten Padua verfolgte. Die-

ser war darauf versessen, als erster Leibniz' Idee eines Zahnrads mit variabel einstellbarer Anzahl von Zähnen in die Tat umzusetzen. Poleni versah dazu einfach jeden einzelnen Zahn mit einem Scharnier, um ihn bei Bedarf um 90° umklappen und so aus dem Verkehr ziehen zu können. 1709 gelang es ihm, darauf basierend eine funktionsfähige Rechenmaschine aus Holz zu bauen, die schon deswegen ziemlich spektakulär war, weil sie – von Gewichten angetrieben – eine Rechnung von alleine beendete, sobald man sie einmal losrattern ließ.

Original der Rechenmaschine von Antonius Braun 1727
(© KHM-Museumsverband)

Blick in die Rechenmaschine von Antonius Braun: Man erkennt die zentral gelagerte Trommel mit den kleinen rechteckigen Löchern, durch die von innen einzelne Zähne gesteckt wurden, um die außen ringsum angebrachten Zahnräder weiterzudrehen (originalgetreue Replik der Braun'schen Maschine, Arithmeum Bonn).

Davon inspiriert verfolgte Braun nach seiner Rückkehr nach Wien 1724 eine kühne Idee: Im Gegensatz zu Pascal und Leibniz, die in ihren Maschinen beide die Stellen längs nebeneinander angeordnet hatten, schwebte ihm eine Maschine mit einem runden Gehäuse vor, darin eine große Trommel, von einer zentralen Welle angetrieben – man kennt so etwas zum Beispiel von Salatschleudern.

Diese Trommel sollte, ähnlich wie bei Poleni, als „Sprossenrad" dienen, aber gleich für alle Stellen auf einmal. Braun ordnete also sechs Dezimalstellen im Kreis an und fräste für jede neun kleine Löcher nebeneinander in den runden Trommelmantel (man kann sie auf dem Foto oben als kleine dunkle Vierecke erkennen). Durch sie lassen sich in einem ziemlich aufwendigen Einstellvorgang einzelne Stifte schieben, die dann auf der Außenseite der Trommel herausstehen und so beim Drehen als „Zähne" fungieren. Außen herum gibt es pro Stelle nochmal ein eigenes Zahnrad, das beim Drehen der Trommel dann um genauso viele Zähne weitergedreht wird wie Stifte herausstehen – so geht Addition.

Weil er schon einmal dabei war, ließ Braun sich gleich noch einen coolen Trick einfallen: Wie man auf dem Foto links erkennen kann, sind die Löcher der Einerstelle nämlich ganz oben auf dem Trommelmantel angebracht, die der Zehnerstelle ein bisschen tiefer usw. Dies erlaubt einen einfachen Mechanismus zur Stellenverschiebung: Man muss dazu nämlich nur die Trommel wie mit einem Fahrstuhl nach unten bzw. wieder nach oben fahren lassen.

Detail der Rechenmaschine von Braun aus dem Kunsthistorischen Museum Wien.

Hierzu gibt es einen speziellen Schlüssel, und wenn man diesen dreht, bewegt sich die Trommel ein kleines Stück nach unten, wodurch die Zähne der Einerstelle stattdessen in das zur Zehnerstelle gehörende äußere Zahnrad eingreifen, um dieses weiter zu drehen. So wird aus der Einerstelle eine Zehnerstelle, und wenn man noch weiter nach unten fährt, gar eine Hunderter- oder Tausenderstelle.

Das alles war von Braun „sehr delicat verfertigt", wie es ein zeitgenössischer Bericht in blumigen Worten formuliert und wie sich unschwer an den Abbildungen erkennen lässt. Als Kollege Poleni von diesem Meisterwerk erfuhr, soll er aus lauter Frust seine eigene Maschine verbrannt haben, während Braun als Anerkennung und Belohnung von Kaiser Karl VI. persönlich eine Stelle als kaiserlicher „Hoff Compaß- und mathematischer Instrumentenmacher" erhielt.

Er konnte sich über seine hart erkämpfte neue Position aber nur wenige Monate freuen, bevor ihn ziemlich plötzlich ein Lungenleiden dahinraffte. Seine Witwe kommentierte dieses Schicksal gefasst und ließ „Ihro Kaiserliche Majestät" brieflich wissen, ihr Mann habe offensichtlich, „umb derselben alle mögliche satisfaction zu geben, sich gleichsam zu todt speculirt und studirt"[119].

Der Autor (mit einem Mitarbeiter) bei der Inspektion der Braunschen Maschine im Kunsthistorischen Museum Wien

Echo:
Archaïscher Torso Apollos (reloaded)

Wir
kannten
nicht sein unerhörtes Haupt
darin die Augenäpfel reiften. Aber
sein Torso glüht noch wie ein Kandelaber,
in dem sein Schauen, nur zurückgeschraubt,

sich hält und glänzt. Sonst könnte nicht der Bug
der Brust dich blenden, und im leisen Drehen
der Lenden könnte nicht ein Lächeln gehen
zu jener Mitte, die die Zeugung trug

Sonst stünde dieser Stein entstellt und kurz
unter der Schultern durchsichtigem Sturz
und flimmerte nicht so wie Raubtierfelle;
und bräche nicht aus allen seinen Rändern
aus wie ein Stern: denn da ist keine Stelle,
die dich nicht sieht. Du mußt dein Leben ändern.
„… dich … sieht…“ „… dein Leben ändern…“
„… sieht…“ „… Leben ändern…“
„…“ „… ändern…“

(frei nach Rilke[120])

Der sogenannte „Torso vom Belvedere“ aus den Vatikanischen Museen (Wikimedia Commons, Urheber: Andre0071)

Die Fabrik der Zukunft hat nur zwei Angestellte, einen Mann und einen Hund. Der Mann ist da, um den Hund zu füttern. Der Hund ist da, um zu verhindern, dass der Mann die Maschinen anfasst.
(Warren G. Bennis)

DER MENSCH

Als der große Astronom Nikolaus Kopernikus am 24. Mai 1543 an den Folgen eines Schlaganfalls starb, soll er auf dem Totenbett, nur wenige Stunden vor seinem Ableben, noch das erste gedruckte Exemplar seines Hauptwerks *De revolutionibus orbium caelestium* erhalten haben, das just an diesem Tag sein heimatliches Frauenburg im Ermland erreichte[121]. Revolutionäres enthielt sein Buch in der Tat, verwarf Kopernikus doch darin die fest etablierte Idee einer Erde als Mittelpunkt des Universums zugunsten eines heliozentrischen Weltbildes, welches diese Rolle der Sonne zuwies und damit die Erde und in einem Aufwasch auch gleich den darauf beheimateten Menschen aus dem Zentrum des Kosmos warf. Diese „Kopernikanische Wende" wurde später von Sigmund Freud als *kosmologische Kränkung der Menschheit* bezeichnet, der später Darwin noch die *biologische* und Freud selbst die *psychologische Kränkung* hinzufügte[122], und es wäre durchaus vorstellbar, dass eines Tages ChatGPT wie selbstverständlich diese Liste als Auslöser einer vierten, der *Kränkung des menschlichen Intellekts*, vervollständigen wird.

Kranzbergs Gesetz

In der philosophischen Literatur taucht der Begriff der *Kopernikanischen Wende* regelmäßig im Kontext der Transzendentalphilosophie Immanuel Kants auf, welche nicht mehr in erster Linie nach der Objektivität der Außenwelt fragt, sondern sich primär mit den Bedingungen von Erkenntnisgewinn, das heißt mit dem Inneren des Subjekts beschäftigt. Wie bei Kopernikus ist hier also ein Perspektivwechsel um 180 Grad zu konstatieren. Kant hat allerdings dieses Schlagwort nirgendwo selbst verwendet, und er hat recht damit, denn im Grunde stellte er den Menschen als Subjekt wieder zurück in den Mittelpunkt – man sollte hier also korrekterweise eher von einer *Anti-Kopernikanischen Wende* sprechen.

Vor einer ähnlichen Wende stehen wir heute, im Zeitalter des Digitalen Wandels, und sie tut bitter not. Jahrzehntelang folgte die technische Entwicklung im digitalen Bereich so gut wie nur einer Richtung: Alles, was möglich war, wurde auch gebaut, je disruptiver, desto besser, und ohne je zu fragen: Wollen wir das denn überhaupt, und wenn ja, warum? So wurde die Technologie zum Mittelpunkt eines Universums, in dem manch einem Nutzer nichts anderes blieb als mit wachsender Verzweiflung um dieses Zentrum zu kreisen, im steten Versuch, irgendwie damit zurechtzukommen, was auch immer ihm von dort an neuen Zumutungen entgegenschlug.

Dem Informatiker war dies (Ausnahmen bestätigen da nur die Regel) zunächst meist herzlich egal. Er sah sich als *Homo faber*, als Ingenieur, der Technologie „nur“ baute. Was danach geschieht und zu welchen Zwecken sie letztlich verwendet wird, das war ihm gleichgültig, weil einzig

Sache der Anwender. Auch heute noch hören wir solche Argumente – erinnert sei nur an den berühmten Satz „Guns don't kill people, people kill people", mit dem die NRA als mächtige Interessensvertreterin der amerikanischen Waffennarren dem US-Bürger sein vermeintliches Anrecht auf die „Waffe daheim" staccatohaft einhämmert[123].

Doch nichts könnte falscher sein. Melvin Kranzberg formuliert dies nachdrücklich im ersten seiner sechs Technologiegesetze: „Technology is neither good nor bad, nor is it neutral"[124]. Etwas weniger prägnant, aber in der Sache identisch unterstreicht Günther Anders:

> Es genügt nicht zu beteuern, man solle die Technik für gute statt für böse Zwecke, für aufbauende statt für destruktive Aufgaben benutzen. Dieses Argument [...] ist indiskutabel kurzsichtig. Was heute gefragt werden muss, ist, ob wir so frei über Technik verfügen. Diese Verfügungsgewalt darf man nicht einfach unterstellen. In anderen Worten: Es ist durchaus denkbar, dass die Gefahr, die uns droht, nicht in der schlechten Verwendung von Technik besteht, sondern im Wesen der Technik als solcher angelegt ist.[125]

Dem ist nicht viel hinzuzufügen: Ebenso wie sich die „DNA" jeder Technologie in ihrer Nutzung widerspiegelt, so findet jede technologische Entwicklung ihren Widerhall in der Gesellschaft. Konkret: So berechtigt und vielleicht sogar notwendig der Besitz eines Revolvers in bestimmten Szenarien sein mag, so leitet sich doch daraus keinesfalls ein generalisierbares Anrecht darauf ab. Wieder einmal grüßt die Schildkröte in ihrem unauflösbaren Spagat zwischen begründetem Einzelfall und großem Ganzen.

Digitale Abstinenz

Dabei gäbe es ja eigentlich einen ganz einfachen Ausweg – wie wäre es mit digitaler Abstinenz? Denn vielleicht ist die Schildkröte ja kein Bug, sondern ein Feature (wie Informatiker es schmunzelnd nennen, wenn irgendwo ein peinlicher digitaler Fehler zu Tage tritt), und wir alle führen besser ohne die technischen Siebenmeilenstiefel des Achilles?

Sofort höre ich die Entgegnung, das sei heute ja vollkommen undenkbar, denn nicht nur das Wirtschaftsleben der gesamten Nation, sondern auch die soziale Einbindung jedes Einzelnen stünden dann vor dem sofortigen Zusammenbruch. Ich will dies nicht abtun, und schon gar nicht bin ich hier, um das Lied von der guten alten Zeit zu singen, in der es auch ohne das alles ging. Dennoch muss ich gestehen: Ich habe mich entschlossen, ein Leben ohne Smartphone zu führen (und habe tatsächlich noch nie eines besessen). Die Gründe dafür sind einfach: Zum einen kommen meine Wurstfinger mit Bildschirmtastaturen nicht zurecht, zum anderen fehlt mir die Zeit, all die Social-media-Kanäle zu bespielen, und vielleicht auch die Kraft, den sonstigen Online-Versuchungen zu widerstehen (ich kenne mich gut genug, dass ich mich darin verlieren würde, wenn ich einmal damit anfinge …).

Vielleicht ist das der absolute Luxus eines Menschen, der das unverschämte Glück hat, als Hochschullehrer mit einer Art bedingungslosem Grundeinkommen versehen seine Zeit damit zu verbringen, für und im Namen der Gesellschaft über technologische Zukünfte nachzudenken. Ich nehme mir jedoch dieses Recht heraus, denn was ist eine Universität, wenn nicht ein Ort der Reflexion, den sich die Allgemeinheit leistet, um für sie „voraus-zu-bedenken", Optionen für zukünftige Entwicklungen auszuloten und so zu verhindern, dass die epimetheische, „nach-bedenkende" Attitüde, die nur reagieren kann statt zu gestalten, überhandnimmt und schlimmstenfalls Pandoras Büchse unnötig weit öffnet.

Dass uns akademisch Forschende und Lehrende unser gesellschaftlicher Auftrag mit Demut erfüllen sollte, versteht sich von selbst. Andererseits ist auch die Gesellschaft, und zwar in allen ihren Teilen, dazu aufgefordert, der Wissenschaft gegenüber Respekt aufzubringen. Wenn wir einem Bäcker und einer Straßenbahnfahrerin ohne Weiteres zugestehen, in ihrem Beruf das ihnen Möglichste zu leisten, dann ist nicht wirklich nachzuvollziehen, warum ausgerechnet die Wissenschaft heute ein oft katastrophales öffentliches Renommee besitzt.

Wer aber, um auf den Gedankenkern zurückzukommen, kann sich einen solchen Eskapismus, wer kann sich digitale Abstinenz leisten? Und vor allem: Können wir dies ernsthaft von Kindern und Jugendlichen erwarten, deren soziales Leben sich weitgehend über *social media* abspielt? Die Antwort muss sich jeder selbst geben, ich möchte nur kurz auf zweierlei verweisen: Auch wenn der exzessive Gebrauch sozialer Medien noch nicht als Sucht anerkannt ist, zeigen erste Studien, dass ein signifikanter Prozentsatz heutiger Jugendlicher suchtähnliche Symptome aufweist[126], was unter anderem mit einer Änderung der Dopaminsynthesekapazität im Gehirn einhergeht[127]. Wenn man dann noch bedenkt, dass der sogenannte präfrontale Kortex, der für die aktive Entscheidungs- und Willenssteuerung ausschlaggebend ist, erst im Alter von etwa 25 Jahren ausreift, muss die Frage erlaubt sein, bis wohin man die Smartphonenutzung Jugendlicher noch guten Gewissens als ungefährlich für deren Entwicklung einstufen kann, oder ob hier nicht schon längst ein Umdenken in der gesamten Gesellschaft gefragt wäre, bevor sie möglicherweise ihre Zukunft verspielt.

Die Sache mit der User Experience

Es ist noch gar nicht so lange her, aber zum Glück dämmerte es irgendwann auch der Informatikbranche in ihrer Breite, dass sie sich mehr um den Nutzer kümmern sollte. Natürlich gab es das vereinzelt auch schon früher, und insbesondere erwähnenswert ist hier der Wiener Erfinder Curt Herzstark mit seiner CURTA, dem ersten digitalen Taschenrechner der Welt. Über die besonderen Umstände erfahren wir später mehr, für den Moment sei lediglich angemerkt, dass Herzstark bei der Konstruktion strikt vom Nutzer und dessen Bedürfnissen ausging und so zu unkonventionellen Lösungen fand.

Ich selbst war im Internetbereich mittendrin, als hier vor gut zehn Jahren der bis dato vorherrschende Begriff der *Quality of Service* oder QoS (die in rein technischen Parametern gemessen wurde) dem Konzept einer *Quality of Experience* oder QoE wich[128]. QoE meint hier also tatsächlich das, was beim Telefonat am Ohr oder bei der YouTube-Session am Auge des Betrachters ankommt, nicht abstrakte QoS-Metriken wie Bandbreite oder verlorengegangene Pakete im Netz, die man zwar technisch leicht messen kann, aber nur für Spezialisten verständlich sind.

Über die Jahre kühn geworden, rief ich diesen Perspektivwechsel 2015 in meiner Antrittsvorlesung an der Universität Wien als Vorboten der ersehnten *Anti-Kopernikanischen Wende* aus[129]. Ganz so einfach war es dann aber doch nicht. Schon im Fall des Kopernikus ist es beileibe nicht so, dass sein modernes Verständnis der Himmelsmechanik dem bisherigen (mit der Erde im Mittelpunkt) um so vieles überlegen gewesen wäre, sobald es um die konkrete Berechnung von Sternenbahnen ging. Das war hier wie dort kompliziert, und oft waren die alten Ergebnisse ebenso genau oder ungenau wie die neuen. Der Erfolg des kopernikanischen Modells beruhte stattdessen darauf, dass es eine fundiertere physikalische Begründung des Geschehens am Himmel erlaubte, während das vorherige Modell vor allem aus der Anpassung von Berechnungsmethoden an immer weiter verfeinerte Daten bestand. So schlug sich also bereits Kopernikus mit dem *Ende der Theorie* in einer frühen Version herum, die wir bereits als Paradigma in Zeiten von Big Data kennengelernt haben.

Digitaler Humanismus

Eine wirkliche *Anti-Kopernikanische Wende* bedarf also einer breiteren Fundierung, wenn das Bemühen um eine „menschlichere" Digitalisierung Erfolg haben soll. In diesem Zusammenhang hat die Initiative meines Kollegen Hannes Werthner zum *Digitalen Humanismus* Türen aufgestoßen. Entstanden aus einem internationalen Workshop, der im Mai 2019 an der TU Wien stattfand und das *Wiener Manifest zum Digitalen Humanismus*[130] erarbeitete, geht es – ganz auf einer Linie mit Günther Anders – hier vor allem darum, unter den Informatikern und Ingenieuren das Bewusstsein für ihre besondere Verantwortung im Digitalen Wandel zu wecken, und daher gehöre ich auch zu den Autoren des Manifests. Dennoch gibt es einiges zu bedenken.

Zunächst einmal der Name: Unzweifelhaft besticht der Begriff des *Digitalen Humanismus* durch Griffigkeit und Prägnanz, auch wenn es bei genauerem Hinsehen weniger um die Digitalisierung eines wie immer gearteten Humanismus, sondern vielmehr umgekehrt um eine Humanisierung des Digitalen geht. Das mag sich auf den ersten Blick nach Wortklauberei anhören, dennoch wird natürlich auch dieser Diskurs durch seine Überschrift geprägt. Hinzu kommt, dass in der Forschung seit einiger Zeit ein neues Fach namens *Digital Humanities* Furore macht, aber etwas völlig anderes meint. Dort geht es nämlich darum, wie man Forschung in den Geisteswissenschaften (den „humanities") mit informatischen Methoden unterstützen kann, in der Archäologie etwa durch die Digitalisierung von Tontafeln und Säuleninschriften, oder in den Sprachwissenschaften durch die Erstellung und systematische Durchforstung riesiger Textkorpora bis hin zur Katalogisierung von Filmkostümen mit Hilfe von Quantencomputing, um nur einige Beispiele zu nennen. Die Verwechslungsgefahr ist jedenfalls offensichtlich, und wie immer gilt: Man muss aufpassen, wovon man gerade spricht.

Einer Klärung bedarf auch, von welchem Humanismus wir denn hier überhaupt reden. Ohne auf die lange Geschichte dieses philosophischen Konzepts im Detail eingehen zu wollen, bleibt festzuhalten, dass das ganze Konzept von Menschenrechten, Menschenpflichten und Menschenwürde ohne den europäischen Humanismus schlicht nicht denkbar wäre. Spätestens seit Wilhelm von Humboldt spiegelt sich dies auch in unserem Bildungsverständnis wider, denn im Mittelpunkt des nach ihm benannten Ideals steht „der Mensch, der ohne alle auf irgendetwas Einzelnes gerichtete Absicht, nur die Kräfte seiner Natur stärken und erhöhen, seinem Wesen Wert und Dauer verschaffen will." Dabei sei „die letzte Aufgabe unseres Daseins: dem Begriff der Menschheit in unserer Person, sowohl während der Zeit unseres Lebens, als auch noch über dasselbe hinaus, durch die Spuren des lebendigen Wirkens, die wir zurücklassen, einen so großen Inhalt, als möglich, zu verschaffen"[131].

Hier müssen wir sehr aufpassen, denn in Zeiten der *Actor-Network Theory* eines Bruno Latour[132] oder des *New Materialism* einer Karen Barad[133] den Menschen als „Krone der Schöpfung" zu proklamieren, da unsere Sorge mindestens ebenso unserem Planeten und unseren Mitgeschöpfen gelten muss, ist nicht mehr adäquat. Auch ob Humboldts Insistieren auf das Erlernen alter Sprachen angesichts der heutigen Arbeitswelt noch irgendwie vermittelbar ist, darf bezweifelt werden. Doch auch hier darf ich berichten, was ich weiß. Als ich im Alter von 13 Jahren im Gymnasium vor der Wahl stand, als dritte Fremdsprache Französisch oder Altgriechisch zu nehmen, entschied ich mich für Letzteres, und zwar aus einem ganz einfachen Grund: Ich war mir sicher, in meinem Leben nie mehr die Gelegenheit zu bekommen, diese Sprache zu lernen – Französisch würde sich schon irgendwie ergeben. Und so kam es auch; ein dreijähriger Forschungsaufenthalt in Rennes und Toulouse war dafür mehr als ausreichend. Andererseits hat mich meine Wahl nicht davon abgehalten, ebenso intensiv Mathematik und auch Informatik zu betreiben und letztendlich hier meine professionelle Heimat zu finden.

Was aber von dieser Episode vor allem geblieben ist: die herrliche Erfahrung, sich drei Jahre lang sechs Schulstunden pro Woche mit etwas zu beschäftigen, was im Hinblick auf später komplett unsinnig und unbrauchbar erschien. Es war das unbeschreibliche Gefühl geistiger Freiheit, das ich (und meine nur zwei Mitschüler, die sich dieses Fach ebenfalls antaten) von dort mitnehmen durfte. Diese Freiheit ist mir Referenzrahmen für meine ganze weitere intellektuelle Entwicklung geblieben.

Es soll hier aber nicht weiter um mich gehen – die Frage, der wir nachgehen, ist ja viel größer und umfassender: Was bedeutet Bildung im Digitalen Wandel? Was kann, was soll, was darf Schule und Universität heute leisten? Was ist es wert zu lernen, was zu lehren? Welches Wissen sichert Zukunft? Und welche Zukunft lohnt es sich überhaupt zu sichern?

Bildung – Macht – Schule

Die Situation ist kompliziert. Während Bildungspolitiker aller Couleurs verzweifelt versuchen, maßlos überfrachtete Lehrpläne irgendwie mit den vermeintlichen Anforderungen eines sich sprunghaft verändernden Arbeitsmarktes in Einklang zu bringen, haben sie das große Ganze meist schon lange aus den Augen verloren. Andererseits ist die herrschende Panik nicht unverständlich, denn die Zukunft der Arbeit in Zeiten der KI ist mehr als ungewiss, und das nicht erst seit der berühmten Studie von Frey und Osborne aus dem Jahre 2013[134]. Zwar wird seither von Politik und Wirtschaft viel Beruhigendes unter das Volk gestreut, etwa dass bei den Transitionen zu Industrie 2.0 und 3.0 nur schlechte Arbeitsplätze verlorengingen und dafür mehr als genug neue und gute geschaffen wurden – warum solle dies bei der Industrie 4.0 anders sein? Wir müssen aber auch hier ehrlich sein: Natürlich schafft der Digitale Wandel eine Menge neuer Berufe und Stellen, aber keinesfalls als Ausgleich für den Verlust von mindestens genauso vielen traditionellen. Man wird diese neuen Arbeitsplätze nämlich schlichtweg nicht besetzen können (und das sehen wir ja heute schon). Nicht jeder, der bisher Taxi fuhr, eignet sich als Software Engineer. Erinnern wir uns nochmals an die beiden verschiedenen „Und" im Bulgarischen: Hier liegt ein klarer Fall von „i-Und" vor und nicht von „a-Und". Das bedeutet, dass wir mit der Kluft zwischen verlorenen alten und geschaffenen neuen Arbeitsplätzen leben müssen und sich diese vielleicht zahlenmäßig ausgleichen mögen, aber sich dennoch keinesfalls gegenseitig ersetzen können.

Auch an den Universitäten ist die großartige Idee Humboldts, jungen Menschen vor dem berühmten „Ernst des Lebens" nochmals eine Phase zuzugestehen, in der sie sich und ihre Neigungen mit Fleiß, aber auch Muße entwickeln können, dem Diktat von Bologna und Abschlusszahlen als *Key Performance Indicators* gewichen, bis hin zur absurden Idee, das Budget einer Universität an der Anzahl bestandener Prüfungen eines bestimmten Studienjahres auszurichten, wie dies in Österreich momentan gehandhabt wird. Hier trägt gemäß „Universitätsfinanzierung NEU" jeder Studierende, der in einem bestimmten Jahr mindestens 16 ECTS schafft, mit einem fünfstelligen Betrag zum Haushalt seiner Universität bei – besteht er diese Prüfungen nicht, wird das entsprechende Budget gekürzt[135]. Spätestens damit hat man es geschafft, sämtliche von Liessmann in seinen Streitschriften zu Bildung und Unbildung[136] schon vor Jahren vorgebrachten Klagen und Bedenken nochmals zu übertreffen. Zudem wird jeder spieltheoretisch auch nur einigermaßen beschlagene Zeitgenosse in einer solchen Situation sofort vorschlagen, den im Erfolgsfall gesparten Betrag zwischen Studierenden, Lehrenden und der Universität aufzuteilen – monetär wie motivatorisch eine klare Win-Win-Win-Situation für alle Beteiligten...

Wie soll man vor diesem Hintergrund insbesondere die Digitale Grundbildung gestalten? Eines scheint klar: Mit einer oder zwei Stunden Informatik in der Mittel- und Oberstufe lässt sich der komplexen Welt des Digitalen nicht gerecht werden. Informatik, das sei nochmals wiederholt, ist alles andere als ein einfacher Gegenstand. Es braucht dazu eine hochentwickelte Abstraktionsfähigkeit, wie man sie durch eine solide Ausbildung in Mathematik erreichen kann. Es bedarf der schöpferischen Fantasie musischer Fächer ebenso wie der Ausdauer und Disziplin eines Sportlers. Und schließlich geht es nicht ohne ein Gefühl für gesellschaftliche Fragen und Diskurse.

Denn Digitalisierung ist heute nicht mehr unabhängig von Ordnungsmacht zu denken. Insbesondere die Frage nach dem Wissen ist mehr denn je zu einer Frage der Macht geworden. Daten sind nicht das neue Öl, Daten sind die neue Macht[137]. Digitalisierung verschiebt deshalb Tag für Tag Machtverhältnisse in unserer Gesellschaft. Dies geschieht einerseits durch die Unterdrückung oder Verformung von Wissen, wie sie die Propaganda totalitärer Systeme auch heute noch vorexerziert. Orthogonal dazu ist auch zu bedenken, wie die Art und Weise, was und wie wir wissen können, von digitalisierungsimmanenten Faktoren beeinflusst wird[138]. Dazu trägt jede kleine App, jedes neue Programm sein Scherflein bei. Das möglichst tiefe und detaillierte Verständnis, was digitale Macht bedeutet und wie sie sich äußert, muss sowohl bei denen, die Digitales bauen, als auch bei denen, die es in der Zukunft verwenden werden, möglichst tief verankert werden. Und damit kann man nicht früh genug beginnen – auch dies eine der neuen Aufgaben unserer Schulen.

Natürlich wird man sofort entgegenhalten, dies sei angesichts der Überfrachtung aktueller Lehrpläne ein illusorischer Vorschlag. Stimmt. Ich habe mich jedoch auch hier der Diskurshygiene verschrieben. Wenn es uns als Gesellschaft wirklich, wirklich ernst ist, den nachfolgenden Generationen das Rüstzeug für einen verantwortungsvollen Umgang mit den technologischen Zukünften mitzugeben, die sie erwarten, und wenn das im Rahmen des momentanen Schulsystems nicht möglich ist, dann sollte man auch hier Denkverbote fallenlassen. Schon der krachend missglückte bayerische Versuch, das Abitur von jahrzehntelang erprobten 13 Jahren auf 12 zurückzuschrauben, hat nachdrücklich gezeigt, dass schulische Wissensvermittlung nicht beliebig komprimierbar ist. Wenn aber die digitale Zukunft soviel mehr an Wissen, Kenntnissen und Kompetenzen erfordert, wie dies den Anschein hat, dann werden selbst 13 Jahre in Zukunft vielleicht nicht ausreichen ...

Gute Frage

Wir müssen hier als Gesellschaft eine Entscheidung treffen: Wie wichtig ist uns das Erreichen wünschbarer und erstrebenswerter technologischer Zukünfte? Wollen wir uns weiterhin dem ausliefern, was uns der Markt vor die Füße wirft, oder wollen wir unsere Zukunft so gestalten, wie wir sie uns ersehnen? Die Antwort darauf wird Konsequenzen haben. Digitale Bildung für eine wünschenswerte Zukunft kann sich nicht darauf beschränken, Kindern beizubringen, wie man am schnellsten über Smartphones wischt oder wie ein Tabellenkalkulationsprogramm funktioniert (das wissen ja oft nicht einmal die eingeweihten unter den Erwachsenen). Informatik ist wesentlich mehr als der verantwortungsvolle Umgang mit neuen Medien. Informatik betrifft die Gestaltung unserer Lebenswelt, und die will sehr, sehr gut bedacht sein.

Dabei ist viel gewonnen, wenn wir erst einmal lernen, gute Fragen zu stellen. Der Informatiker Chris Frauenberger hat in einem Gespräch jüngst ein einprägsames Beispiel dafür geliefert, als er von einem seiner Forschungsprojekte im Bereich „Robotik und Pflege“ berichtete. Zu Beginn des Projekts seien nämlich nicht so sehr Ideen und Überlegungen gestanden, wie sich Roboter effizient in der Pflege einsetzen ließen, sondern eine ganz fundamentale Frage: Was macht gute Pflege aus? Und er fährt fort:

> Und das ist schon einmal überraschend schwer zu beantworten. Was bedeutet Fürsorge? Wie schaut die soziale Praxis der Pflege aus? Wer sind die Menschen, die pflegen und warum machen sie das? Erst wenn das geklärt ist, kann man

> dann darauf schauen, welche Rollen wir uns für Roboter vorstellen wollen. Das ist dann auch eine gesellschaftliche Aushandlung und wird in Folge auch verändern, was wir unter Pflege und Pflegetätigkeit in Zukunft meinen. Es wird die Praxis verändern [...] In dem Projekt haben wir zum Beispiel herausgefunden, wie zentral Beziehungsarbeit für gute Pflege ist und, dass es hier interessante Rollen für Roboter geben könnte, die Pflegende dabei unterstützen, mit den Biographien ihrer Klienten zu arbeiten. Der Grund ist simpel: Computer können sich einfach sehr gut alles merken.[139]

Es ist kein Zufall, dass wir damit zum Ende unserer Überlegungen auf das Thema „Sorge“ stoßen, und das nicht nur, weil wir am Beispiel der Pflege gesehen haben, dass digitale Sorgen (auch) dort wachsen, wo Digitales Sorgen gefragt ist. Vielmehr sehe ich die Sorge als zentrale Metapher einer *Philosophischen Anthropologie im Digitalen Wandel*, anhand der wir vielleicht besser verstehen können, was für eine Welt wir da gerade bauen[140].

Die Metapher der Sorge

Dazu ist natürlich erst einmal zu klären, wovon wir da eigentlich sprechen. Formulieren wir also wieder eine „gute Frage“: Was macht Sorge eigentlich aus? Der französische Soziologe Bernard Stigler hat diesem Thema ein ganzes Buch gewidmet. In seiner *Logik der Sorge* sieht er diese (gerade auch in digitalen Zeiten) geprägt durch eine charakteristische Trias von Aufmerksamkeit, Achtsamkeit und Anerkennung. Dabei werde aber, so Stigler bereits im Jahre 2008, gerade von den digitalen Medien eine systematische Aufmerksamkeitsvernichtung betrieben, um die „Regression der Masse in die Unmündigkeit“ zu erreichen[141]. Insbesondere die großen Plattformen hätten demzufolge nichts anderes im Sinn, als „den jugendlichen Nihilismus und die Infantilisierung der Erwachsenen“ zu organisieren[142] und das Ende jeder Aufklärung zu erreichen.

Soviel zur Frage der Aufmerksamkeit – steht es denn wenigstens um Achtsamkeit und Anerkennung besser? Ich fürchte: nein. Der Fall der österreichischen Ärztin Dr. Lisa-Maria Kellermayr, die aufgrund ihres öffentlichen Einsatzes für Corona-Impfungen nach halbjähriger Hatz in so gut wie allen sozialen und unsozialen Netzen im August 2022 in den Freitod getrieben wurde, führte zwar in unmittelbarer Reaktion zu eindrucksvollen Lichterketten, sodass ich schon die Hoffnung hatte, es handle sich hierbei vielleicht um einen *Fukushima-Moment*[143], der soziale Medien und ihre Benutzer endlich zur Besinnung bringen würde, ähnlich der Wirkung der Nuklearkatastrophe in Japan 2011 auf die damalige deutsche Bundeskanzlerin Angela Merkel. Doch letztlich keine Spur davon, und ein Jahr später ist trotz aller Bemühungen der Staatsanwaltschaften noch nicht einmal der Idiot aus Berlin ausfindig gemacht, der die Ärztin in seinen Mails mit den Worten „Hallo du dummes Stück Scheiße!“ begrüßte[144]. Wie recht doch Sophokles in seiner *Antigone* hatte, als er dem Chor der Thebanischen Alten seine berühmten Zeilen in den Mund legte: „Ungeheuer ist viel, doch ungeheurer nichts als der Mensch.“[145]

Der Mensch lebt nicht vom Bit allein

Es hat sich also viel verändert, seitdem Byung-Chul Han die Glattheit der Internetkommunikation als Signum einer *Positivgesellschaft*[146] interpretierte, die nur um ihre *Likes* besorgt sei und jede Art Verletzung ignoriere. Wir müssen stattdessen ehrlich konstatieren, dass die Glattheit der Kommunikation im Netz nicht nur Risse und Brüche bekommen hat, sondern darüber hinaus den Rissen, Brüchen, Verletzungen und Desastern der menschlichen Existenz weitere hinzufügt, die der Sorge bedürfen und die Sorge begründen.

Gerade deshalb könnte der Begriff der Sorge zum Ausgangspunkt für eine neue *Philosophische Anthropologie des Digitalen* werden, ihre Zentralmetapher, ihr Prüfstein oder auch ihr Offenbarungseid. Die Logik einer solchen Sorge ist existenziell, nicht nur sozio-ökonomisch, Sorge um den Menschen, nicht nur Sorge für Bürger, sie ist zärtlich, nicht glatt, und betrifft uns unmittelbar als Individuum wie als Gesellschaft[147]. Zugleich ist sie nicht „ohne Alter, Schicksal und Tod", wie Byung-Chul Han im Gegensatz hierzu die „eingefrorene Zeit" des digitalen Mediums beschreibt[148], sondern vielmehr lebendiges Geschehen entlang der „Stadien auf des Lebens Weg"[149], auch und gerade in dessen Leiblichkeit und Endlichkeit[150]. Im Begriff der Sorge kommen also viele Denkstränge zusammen. Ihre zentrale Rolle im existenziellen Denken hat Martin Heidegger hervorgehoben[151], und sie hat sogar das Potenzial, das *prometheische Gefälle* zu begradigen und so Mensch und Technik zu versöhnen. Denn auch Günther Anders ging es letztlich immer um den Menschen; er war, wie Liessmann einmal formulierte, „in einem eminenten Sinn Anthropologe, aus Leidenschaft und aus Not"[152].

Schließlich wird es die Metapher der Sorge auch erlauben, die Verantwortung des Informatikers aus nochmals neuer Perspektive zu formulieren, wie dies Frauenberger vorschlägt:

Ähnlich wie bei Mary Shelleys Frankenstein kommen Erfindungen nicht als Monster in diese Welt, sondern sie werden zu solchen, weil sie allein gelassen werden. Das heißt, es gibt eine bleibende Verantwortung, auch wenn die Technologie schon verkauft oder implementiert ist. Es gilt genau hinzuschauen, welche Veränderungen diese Technologien im Laufe der Zeit bewirken, und immer wieder zu fragen, ob es das ist, was wir wollen.[153]

So stellt die Sorge letztlich eine neue existenzielle Kategorie dar, und als solche verhindert sie, dass dem ästhetischen Stadium des Menschen statt dem ethischen ein „anästhetisches" folgt[154]. Denn, wie einige Kollegen von der TU Wien schon vor Jahren formulierten: Der Mensch lebt nicht vom Bit allein[155].

Aus der Komfortzone heraus

Wovon aber dann noch? Vor allem: Wie kann man im Menschen wieder Sensorium und Sensibilität für das Wahre, Gute und Schöne wecken? Die Antwort hat viele Dimensionen. Zunächst: Bildung bedeutet immer, die eigene Komfortzone zu verlassen. Andererseits lässt sie sich nicht erwerben – man kann sie nur gewinnen. Und hierzu bedarf es vor allem geeigneten Materials, das einen fordert und zugleich lenkt, zusammen mit der jeweils passenden Sprache, um dieses Material bearbeiten zu können.

Bleiben wir noch bei letzterem. Ich habe weiter oben kurz vom Altgriechischunterricht in meiner Schule erzählt, den ich drei Jahre lang durchleben und -leiden durfte. Der Fokus humanistischer Gymnasien ausgerechnet auf diese Sprache ist kein Zufall. Er geht vielmehr auf die Überzeugung zurück, dass die Kultur des antiken Griechenlands „paradigmatisch für den Charakter der Menschheit überhaupt genannt werden kann und […] in ihrer Konzentration auf innere Schönheit und ästhetischen Genuss dem Verwertungsdenken der Moderne einen kritischen Spiegel vorhalten kann“[156].

Was Liessmann hier für das Humboldtsche Bildungsideal konstatiert, gilt in ähnlicher Weise auch für eine Sprache, bei der es für viele von uns erst recht gilt, die Komfortzone zu verlassen. Die Rede ist von der Mathematik. An ihr zeigt sich die zugrundeliegende Notwendigkeit sogar noch deutlicher. Nehmen wir in einem allerletzten Exkurs als Beispiel die wundersame Welt der Quanten, die uns mit Phänomenen konfrontiert, welche komplett konträr zu unseren Alltagserfahrungen sind[157]. Ein Atom etwa kann ein Zimmer, das zwei Türen hat, in der mikroskopischen Welt durch beide gleichzeitig betreten (man nennt das „Überlagerung“), während das einem Menschen in der makroskopischen Welt offensichtlich verwehrt bleibt. Weil sich aber unsere Alltagssprache an der Alltagswelt entwickelt, können wir darin über solche Quantenphänomene schlichtweg nicht sprechen. Andererseits ist die mathematische Beschreibung einer solchen Überlagerung beinahe trivial – im Falle des Atoms besteht sie aus einer Summe zweier Terme, einer für jede Tür: $x = a \cdot y + b \cdot z$.

Und nun verrate ich ein Geheimnis: Bei der Rede über Künstliche Intelligenz und maschinelles Lernen sieht das ähnlich aus. Viele der in der Öffentlichkeit auftauchenden Unklarheiten ließen sich leicht verhindern, viele Fragen und Zweifel leicht beantworten, wäre es nur möglich, sich darüber in einer adäquaten Sprache auszutauschen. Und diese Sprache ist dieselbe wie bei der Quantenphysik: Es ist die Sprache der Mathematik, ohne die es leider nicht geht. Daher kann ich nur an alle appellieren, die an der digitalen Zukunft mitwirken oder gar Verantwortung dafür tragen wollen, sich der Mühe zu unterziehen, ein solides mathematisches Verständnis davon zu erwerben, da ansonsten die Gefahr besteht, dass der Diskurs darüber so erratisch bleibt, wie wir das derzeit beobachten.

Hierfür nur ein abschreckendes Beispiel: Der *Österreichische Rat für Robotik und Künstliche Intelligenz*, der direkt der Bundesregierung zuarbeiten sollte, veröffentlichte im November 2018 unter dem Titel „Die Zukunft Österreichs mit Robotik und Künstlicher Intelligenz positiv gestalten" ein *White Paper*, in dem er auf Seite 27 den „Stand der Forschung" folgendermaßen zusammenfasste:

> Bisherige Analysen zu Fehlern, Erkenntnissen und Lektionen aus KI Vorhersagen zwischen 1950 und 2012 zeigen, dass
>
> KI Vorhersagen unterschiedlicher Expertinnen und Experten keinerlei Konvergenz und nur wenig Korrelation untereinander aufweisen; dass
>
> es keine Hinweise darauf gibt, dass die Vorhersagen von Expertinnen und Experten zutreffender sind als jene von Laien; und dass
>
> es einen starken Trend gibt, die KI Entwicklung für die nächsten 15 bis 25 Jahre ab dem jeweiligen Prognosezeitpunkt und damit tendenziell zu optimistisch vorherzusagen.[158]

Hier noch einmal zum Mitschreiben: Eine Gruppe hochqualifizierter Fachleute, die eine Regierung in Sachen KI beraten soll, stellt wortwörtlich fest, dass bei diesem Thema Experten genauso hilflos sind wie die Laien von der Straße. Ob das vielleicht nicht doch daran lag, dass sich unter den Mitgliedern des Rats (mit vielleicht einer Ausnahme) niemand aus der Informatik oder Mathematik befand?

Torso und Apoll

Es gibt aber auch noch andere Sprachen, die in Bezug auf das Verlassen unserer Komfortzone vielleicht sogar noch anspruchsvoller sind. Ich spreche von Kunst und Musik. Ihre Relevanz zeigt sich nicht mehr daran, was sich mit ihnen ausdrücken lässt, sondern was sie im Gegenüber auslösen. Was mag einem Rainer Maria Rilke durch den Kopf gegangen sein, als er in Rom dem *Torso vom Belvedere* gegenüberstand, einem Meisterwerk des Apollonius von Athen aus dem 1. Jh. v. Chr. Dass und was diese Begegnung[159] in Rilke ausgelöst hat, davon zeugt sein berühmtes Gedicht *Archaïscher Torso Apollos*[160]. Dabei spielt es keine Rolle, dass Rilkes Blick buchstäblich ins Leere ging, denn *wir kannten nicht sein unerhörtes Haupt, darin die Augenäpfel reiften* – der Kopf war ja nicht mehr da. Und das ist sogar gut so: Es gibt Rekonstruktionen dieser Statue, die zeigen, dass es sich dabei vermutlich gar nicht um Apoll, sondern eher um einen Philoktet oder einen Aias handelte, und die dabei *mit* Kopf viel vom Zauber des Torsos verlieren. Denn gerade in seiner Torsohaftigkeit vereinigt er das *Prinzip minimaler Vollständigkeit* mit dem *Prinzip maximaler Anwendbarkeit*, auf ganz eigene und eigentümliche Weise. Es brauchte schlichtweg nicht mehr, um Rilke auf den wohl berühmtesten aller Sonettschlüsse zu bringen. Denn mochte auch der Blick Rilkes ins Leere gehen, der Augen-blick wurde vom Torso sehr wohl erwidert, er brach sich nämlich Bahn *aus allen seinen Rändern*. Und so gelangte Torso wie Rilke zum unsterblichen Appell: *Du musst dein Leben ändern.*

Der „hypnotischen Suggestion", von großer Kunst angeblickt zu werden, hat Peter Sloterdijk eine ausführliche Analyse gewidmet[161]. Ich kenne leider den *Torso vom Belvedere* nur von Bildern. Für die Abbildung auf S. 131 habe ich eines ausgewählt, das selbst den Torso nochmals weiter zum Torso macht. Es zeigt nämlich nicht das gesamte Original; insbesondere sind beide Beinstümpfe durch den Formatausschnitt ausgeblendet (eine geringfügige zusätzliche Photoshop-Bearbeitung sei nur der Vollständigkeit halber erwähnt). Für mich überraschend, gewinnt er gerade dadurch nochmals eine besondere Lebendigkeit. Er scheint geradezu im Aufsprung begriffen, voller Energie, die sich auch auf der Fotografie direkt dem Betrachter zuwendet: *denn da ist keine Stelle, die dich nicht sieht.* Und welche Sprache sollte das beschreiben, wenn nicht die der Poesie …

Was ist der Mensch?

Was also ist der Mensch? Wer ist *Homo cyber*? Und was kann, soll, darf er heute sein und morgen werden? Nach allem, was bisher gesagt wurde, ist er jedenfalls ein Wesen, das etwas – und sich – ändern kann, und deshalb ist die erste Antwort auf diese Frage der Appell Apolls: *Du musst dein Leben ändern!*

Ich spreche nicht von Änderung um der Änderung willen, denn das allein bringt niemanden weiter. Es geht darum, dass wir als Menschen, als Bürger, als soziale Wesen wieder die Lufthoheit über unsere Existenz erringen. Der Digitale Wandel ist *von* Menschen gemacht, deshalb ist nun entscheidend, dass er auch *für* die Menschen vorangetrieben wird! Ein Schlüssel hierfür wird sicherlich darin liegen, Wege aus der Aufmerksamkeitsökonomie zu finden. Jenny Odell hat vor kurzem dazu ein wunderbares Buch geschrieben, das einfach nur den Titel „Nichts tun" trägt und dieses Nichts samt dem Weg dorthin aus verschiedensten Perspektiven beschreibt (und ja: es gibt sogar eine „Architektur des Nichts")[162]. Nicht zuletzt ist es ja dieses Nichts, das unter dem Namen „Muße" (altgriechisch: *scholé*) unserer „Schule" einst den Namen gab. Vielleicht ist es heute für *Homo cyber* die Schule des Lebens schlechthin, den Weg zu dieser Muße wieder zu finden.

Natürlich lebt *Homo cyber* in einer sehr konkreten Welt mit sehr konkreten Anforderungen, denen er, selbst wenn er wollte, nicht immer entkommen kann. Daher ist aber auch seine Verantwortung immer sehr konkret zu denken, *Diesseits von Gut und Böse*[163] sozusagen. Die Aufgabe der Gesellschaft wird dabei sein, ihn in dieser Verantwortung zu unterstützen und zumindest Leitplanken zu ziehen. Es wartet auf uns ein langer und komplexer Aushandlungsprozess, bei dem wir andererseits keine Zeit verlieren dürfen, um den Entwicklungen gerade auf dem Gebiet der KI nicht endgültig nur hinterherzuhinken.

Denn in einer Welt, in der alles ringsum nur Modell und Gleichung ist und in der die Schildkröte zur Metapher für die Ohnmacht des *Homo cyber* gegenüber der überbordenden Technokratie des Achilles wurde, wankt der Boden, auf dem er steht. Doch wie von neuem darauf springen und Halt finden? Ist es nicht doch hilfreich, sich wenigstens hin und wieder mit vermeintlich Unzulänglichem zu begnügen und in Muße und Maßhalten die Zeichen eines glücklicheren, da menschlicheren Umgangs mit digitaler Technologie zu erkennen? Wäre es nicht ein Zeichen von Klugheit, die Lebensform der Schildkröte zu wählen statt daran zu leiden, und ein Zeichen von Weisheit, die *Anti-Kopernikanische Wende* nicht an den Grenzen des Universums, sondern an den Grenzen der menschlichen Existenz auszurichten? So könnte man das Unerreichbare, gar das Unbeschreibliche, getrost Achilles überlassen, dafür kommt die Schildkröte *Zarathustra* aber auch nicht außer Atem. Sie bleibt in ihrer Welt und freut sich des Vorsprungs, den die Technologie ihr gibt, ohne unglücklich zu sein, weil es nicht mehr ist. Wenn sie uns solchermaßen als Vorbild dient, dann kommen wir schließlich Stück für Stück der Einsicht näher, die am Ende der *Anti-Kopernikanischen Wende* steht und mit der nicht zuletzt der österreichische Computerpionier Heinz Zemanek am 29. Februar 2000 achtzigjährig seine *Wiener Vorlesung* beschloss: „Das Bleibende ist der Mensch."[164]

Curt Herzstark: Im Tanz mit dem Tod

Konzentrationslager Buchenwald, Mitte Dezember 1943. Seit er ein halbes Jahr zuvor ins Gestapo-Hauptquartier am Wiener Morzinplatz bestellt und dort unter nichtigem Vorwand verhaftet worden war, hat er Höllen erlebt, die sich in Worte nicht fassen lassen. Am Ende seiner körperlichen und seelischen Kräfte schleppt er sich an diesem Morgen, wie jeden Morgen, zum Appell. „Häftling 30359 – bei der Kommandatur melden!" Unvorstellbar der Schreck, der ihm da in die Glieder fährt – sieht so das Ende aus?

Seit er 1910 als achtjähriger Knirps auf der Wiener Büromaschinenausstellung einem staunenden Publikum die „Austria V" aus der väterlichen Rechnermaschinenfabrik demonstrieren durfte, ist Curt Herzstark der Faszination mechanischer Rechner verfallen. Über die Jahre hatte er sich sowohl in die technische wie die kaufmännische Seite so gründlich eingearbeitet, dass ihm sein Vater Samuel 1932 guten Gewissens die Geschicke der Firma „Rechenmaschinenwerk AUSTRIA, Herzstark & Co." übertragen konnte. Wie schwierig es schon kurz darauf werden wird, diesen florierenden Betrieb auch nur irgendwie durch die anbrechenden Zeiten antisemitischen Terrors zu navigieren, konnte niemand ahnen.

Und dabei beschäftigte ihn eigentlich noch ein ganz anderer Traum: Es ist der Traum von einem digitalen Taschenrechner, der sein Lebenswerk werden sollte! Und der ihm nun das Leben rettete. Denn auf welchen Wegen auch immer, die Lagerleitung in Buchenwald hatte in Erfahrung gebracht, dass er schon seit einigen Jahren an diesem Taschenrechnerprojekt arbeitete, und schlug ihm nun vor, seine Konstruktion im KZ zu beenden. In seiner Freizeit. Was auch immer das heißen mag. Wenn dann der Krieg vorüber sei, werde man das Ergebnis – so der Plan – dem siegreichen „Führer" als Geschenk des Lagers verehren. Was für eine perverse Idee!

Herzstark hatte natürlich keine Wahl und akzeptierte, war aber klug genug, solange zu konstruieren, bis der Krieg vorbei war – so rettete ihm seine Maschine buchstäblich das Leben. Von neuem begann er also, sich in das Design zu vertiefen, für das er sämtliche Prinzipien über Bord warf, nach denen man bisher Rechenmaschinen gebaut hatte – keine Rede mehr von „form follows function"! Stattdessen begann er mit einer wirklich guten Frage, nämlich, wie ein mechanischer Taschenrechner ausschauen müsste, um in der Handhabung einigermaßen bequem zu sein. So kam er auf die zylindrische Form, denn alles Rechteckige würde erfahrungsgemäß in der Hosentasche klemmen. Das wiederum führte ihn zur Idee einer zentralen Achse und brachte ihn schließlich auf den Gedanken, die bewährte, auf Leibniz zurückgehende Staffelwalzentechnologie mit der runden Form der Maschine von Antonius Braun zu kombinieren. Ganz nebenbei löste er damit auch das Problem mehrfacher Überträge, denn wenn man die einzelnen Ziffern entlang der Zylinderrundung anordnete, würde dadurch jeder Übertrag einer Ziffer von demjenigen ihrer Nachbarn entkoppelt. Das alles sollte auch noch bequem in eine Hand passen – und fertig war das Grundkonzept, später oft liebevoll mit einer Pfeffermühle verglichen.

Schließlich sein Meisterstück: die komplementäre Staffelwalze, mit der sich gleichermaßen addieren wie subtrahieren ließ, wenn man sie nur ein klitzekleines Stückchen entlang der zentralen Achse verschob – seit Leibniz ward derart Geniales nicht gesehen. Langsam kommt er voran, kann seine Entwürfe nach der Befreiung des KZ irgendwie zurück nach Wien schaffen. Dort aber will man von seinen Ideen nichts wissen. Erst in Liechtenstein fasst er wieder Fuß, baut eine Firma auf und beginnt 1947 mit der Produktion des Taschenrechners, der seinen (Vor-)Namen tragen sollte: die CURTA.

Eine CURTA I (links) und zugehöriges Schnittmodell (rechts) zusammen mit der Pfeffermühle des Autors.

Es wurde eine unvergleichliche Erfolgsgeschichte. Binnen eines Vierteljahrhunderts wurden mehr als 140.000 Exemplare gebaut. Dabei war die Konstruktion von Anfang an perfekt, nicht die kleinste Änderung in all den Jahren. Nur über die Verschlusskappe der Metalldose für die Aufbewahrung hatte Herzstark nicht genug nachgedacht – die drehte sich zunächst in die falsche Richtung, was dazu führte, dass sich die CURTA beim Öffnen des öfteren verklemmte. Noch heute lassen sich alle CURTA-Verschlüsse deswegen gegen den Uhrzeigersinn öffnen.

1969 erfolgte der Erstflug der Concorde, bis heute schnellstes Linienflugzeug der Welt – berechnet mit der CURTA. Kurz darauf das abrupte Ende: der HP-35 kam als erster elektronischer Taschenrechner auf den Markt, und es dauerte nur wenige Monate, bis die Fertigung der CURTA eingestellt werden musste. Ihren Platz in der Technikgeschichte hatte sie da längst eingenommen, als Meisterwerk menschlicher Ingenieurskunst, abgerungen einem Tanz mit dem Tod. Noch heute kündet davon eine schlichte Zeichnung im Liechtensteinischen Landesmuseum: eine Skizze Herzstarks von einem CURTA-Prototypen, darunter in schwachen Bleistiftlettern: Buchenwald 1944.

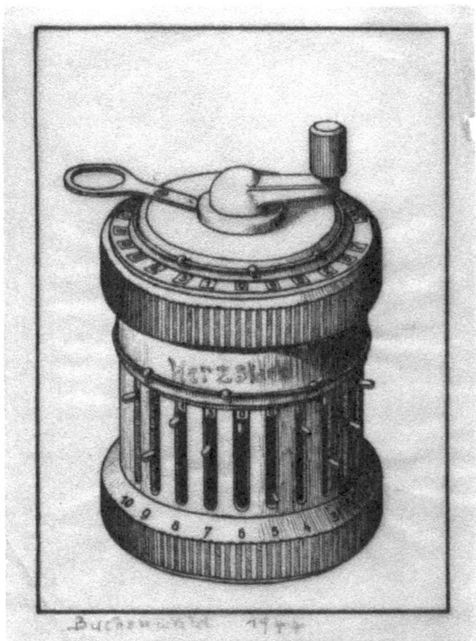

Originalzeichnung von Curt Herzstark aus dem KZ Buchenwald 1944
(mit freundlicher Genehmigung von Dipl.-Ing. Hansjörg Nipp)

Chorus mysticus: Die Anti-Kopernikanische Wende

Alles Vergängliche
ist nur noch Gleichung :-(
Das Unzulängliche
hier wird's Erreichung :-)
Das Unbeschreibliche
bleibt ungetan ;-)
Das Ewig-Menschliche
zieht uns hinan ...

(frei nach Goethe[165])

Epilog: Du musst dein Leben ändern!

(Ein Krankenhaus in Athen, Ende Juli 1957. Nacht. Homo faber sitzt an einem kleinen Tisch und schreibt Tagebuch.)

„Diskussion mit Hanna! – über Technik (laut Hanna) als Kniff, die Welt so einzurichten, dass wir sie nicht mehr erleben müssen. Manie der Techniker, die Schöpfung nutzbar zu machen, weil er sie als Partner nicht aushält, nichts weiter mit ihr anfangen kann; Technik als Kniff, die Welt als Widerstand aus der Welt zu schaffen, beispielsweise durch Tempo zu verdünnen, damit wir sie nicht erleben müssen. (Was Hanna damit meint, weiß ich nicht.) Die Weltlosigkeit des Technikers. (Was Hanna damit meint, weiß ich nicht.)“[166]

(Die Lampe flackert. Von draußen dringt kühle Luft durch das offene Fenster.)

„Mein Irrtum: daß wir Techniker versuchen, ohne den Tod zu leben. Wörtlich: Du behandelst das Leben nicht als Gestalt, sondern als bloße Addition, daher kein Verhältnis zur Zeit, weil kein Verhältnis zum Tod. Leben sei Gestalt in der Zeit. Hanna gibt zu, dass sie nicht erklären kann, was sie meint.“[167]

(Die Seite ist zu Ende. Er steht auf, humpelt zu seiner Aktentasche, bückt sich mühsam und nimmt einige leere Blätter Schreibmaschinenpapier heraus. Auf dem Rückweg hält er kurz am Fenster inne, blickt hinaus. Dann setzt er sich und greift wieder zu seinem Füllfederhalter.)

Lese ihr aus dem Brief von Anders vor, der vorgestern ankam. Seine Idee: Der Mensch ist weltlos von Natur, daher Pathologie seiner Freiheit. Scham über die Diskrepanz zwischen Mensch und dem, was er herstellt. Nennt uns invertierte Utopisten und die Menschheit antiquiert. (Was Günther damit meint, weiß ich nicht.) Interessanter Gedanke: Will *Hippokratischen Eid für Ingenieure* formulieren.
Hanna skeptisch: Und was in 50, 60 Jahren, wenn wir zu *Homo cyber* (so nennt sie das) werden? Was sollen wir dann tun, was können wir noch wissen? Und was hoffen? Was ist Bildung, was wert, gelehrt/gelernt zu werden? Werden wir endgültig von der Technik überholt, wie die Schildkröte von Achilles? Oder hat die Schildkröte recht, und wir müssen langsamer tun? Nennt das *Anti-Kopernikanische Wende*. (Was sie damit meint, weiß ich nicht.) Zitiert Rilke: Du musst dein Leben ändern!

(Er hält inne und lauscht dem ersten Zwitschern eines Vogels. Leise graut der Morgen. Einem plötzlichen Impuls folgend nimmt er das letzte Blatt, zerreißt es und wirft es in den Papierkorb. Nach kurzer Pause beugt er sich wieder über den Tisch und schreibt weiter.)

„Leben ist nicht Stoff, nicht mit Technik zu bewältigen…“[168]

(Draußen wird es hell. Es klopft. Sie kommen[169] mit dem Frühstück.)

Anmerkungen und Quellenangaben

Das erste Motto findet sich in Max Frisch, *Homo faber,* Frankfurt (Suhrkamp Taschenbuch), 1977, S. 56. Das zweite Motto ist entnommen: Günther Anders, *Die Antiquiertheit des Menschen 1*, München (Beck'sche Reihe), 1987, S. VIIIf. Das dritte Motto stammt (in leicht adaptierter Form) aus: Heinrich Spörl, *Die Feuerzangenbowle,* Düsseldorf (Droste), 1940, S. 9.

Einleitung

[1] P. Reichl: „Was Sie schon immer über Dr. Nim wissen wollten…". Online: https://www.youtube.com/watch?v=6FC3CARFpTU (zuletzt aufgerufen: 23.08.2023).

[2] P. Reichl: Eine kurze Geschichte der Technischen Informatik. Wie ein Computer funktioniert – anschaulich erklärt. Wiesbaden (Springer), 2023.

[3] A. Nassehi: Muster. Theorie der digitalen Gesellschaft. München (Beck), 2019.

[4] I. Kant: Kritik der reinen Vernunft. Hamburg (Meiner), 1956, S. 728 (A805/B833).

[5] G. B. Jäsche: Immanuel Kants Logik: Ein Handbuch zu Vorlesungen. O.O, 1800.

[6] Y. Hofstetter: Sie wissen alles. München (Bertelsmann), 2014, S. 12

[7] G. Anders: Die atomare Drohung. München (Beck), 1981, S. 93.

[8] S. Zuboff: Das Zeitalter des Überwachungskapitalismus. Frankfurt (campus), 2018.

[9] R. Taschner: Das Schulfach Digitale Kompetenz gibt es schon: Es heißt Mathematik. Die Presse, 11. Januar 2017. Online (letzter Aufruf: 05.08.2023): https://www.diepresse.com/5152512/

[10] W. von Humboldt: Theorie der Bildung des Menschen. In: Ders., *Schriften zur Bildung*. Stuttgart (Reclam), 2017, S. 5-12.

[11] T. W. Adorno: Theorie der Halbbildung. In: A. Busch (Hg.), *Soziologie und moderne Gesellschaft. Verhandlungen des 14. Deutschen Soziologentages vom 20. bis 24. Mai 1959 in Berlin.* Stuttgart (Enke), 1959, S. 169-191.

[12] K. P. Liessmann: Theorie der Unbildung. Wien (Zsolnay), 2006, S. 10.

[13] B. Schneider-Taylor: Das Individuum und die Bildung. Eine inter-/intradisziplinäre Problemskizze. In: P. Gaitsch, K. Lacina (Hg.): *Intellektuelle Interventionen.* Wien (Löcker), 2013, S. 189f.

[14] M. Frisch: Homo faber. Ein Bericht. Berlin (Suhrkamp Taschenbuch 354), 87. Auflage, 2021.

Prolog

Der Abschnitt über Wilhelm Schickard erschien in gekürzter Form bereits in der Ausgabe vom Februar 2022 der Zeitschrift e-media. Die „Cyberian Rhapsody" ist eine leicht adaptierte Version der von Freddy Mercury getexteten und von der Gruppe Queen musizierten „Bohemian Rhapsody" (Änderungen im Fettdruck).

[15] D. Hofstadter: Gödel–Escher–Bach. 20. Auflage, New York (Basic Books), 1999, S. 116 („Little Harmonic Labyrinth").
[16] Frisch, a.a.O., S. 7 (erster Satz des Romans).
[17] Diese wundervolle Wortschöpfung verdankt der Autor seinem Kollegen Prof. Gerhard Lembke (https://gerald-lembke.de), der sie vor einigen Jahren anläßlich eines Vortrags in Wien en passant fallen ließ, ohne auf Nachfrage die Genese genauer rekonstruieren zu können.
[18] https://www.theguardian.com/us-news/2022/oct/10/cyberattacks-disrupt-us-airport-websites. Letzter Zugriff: 31.07.2023.
[19] F. Nietzsche: Also sprach Zarathustra, S. 139 (Von den Dichtern). Stuttgart (Kröner), 1988.
[20] https://cybernews.com/news/leaker-says-they-are-offering-private-details-of-500-million-facebook-users/. Letzter Zugriff: 31.07.2023.
[21] https://www.nachrichten.at/panorama/web/regierung-und-bundesheer-trafen-2022-mehr-als-1000-cyberangriffe-pro-woche;art122,3773593. Letzter Zugriff: 06.08.2023.
[22] Nietzsche, a.a.O. S. 30 (Von den Lehrstühlen der Tugend).
[23] N. Negroponte: Being digital. New York (Vintage), 1996, S. 11ff.
[24] B. A. Jones, A. L. Goodkind, R. P. Berrens: Economic estimation of Bitcoin mining's climate damages demonstrates closer resemblance to digital crude than digital gold. Nature Sci Rep 12, 14512, Sept. 2022. Online: https://doi.org/10.1038/s41598-022-18686-8. Letzter Zugriff: 31.07.2023
[25] Nietzsche, a.a.O., S. 129ff. (Vom Lande der Bildung).
[26] Ebd.
[27] U. Rublack: Der Astronom und die Hexe. Stuttgart (Klett-Cotta), 2018.

[28] Frei nach: Bohemian Rhapsody. In: Best of Queen. Transcribed Scores. Hal Leonard, Cheltenham (Victoria) 2005, ISBN 0-634-08794-0, S. 4–21.

DAS WAHRE

Das Motto dieses Kapitels ist überliefert als mündliche Bemerkung John von Neumanns im Anschluss an seine Keynote beim ersten nationalen Meeting der ACM 1947 (vgl. Franz L. Alt, *Archaeology of computers: Reminiscences, 1945-1947*, Communications of the ACM, **15**(7), July 1972, S. 694).

Der Abschnitt über Blaise Pascal und Gottfried Wilhelm Leibniz erschien in veränderter Form bereits in den Ausgaben vom Februar und März 2022 der Zeitschrift e-media.

Das „Märchen vom Schlaraffenland" stammt ursprünglich von Ludwig Bechstein (Deutsches Märchenbuch 1845) und wurde hier leicht verändert und gekürzt. Seine digitale Version ist in ähnlicher Form folgendem Buchkapitel entnommen: P. Reichl, H. Welzer: *Achilles und die digitale Schildkröte: Thesen zu einer Digitalen Ökologie*. In: Hengstschläger, M. (Hg.): Digitaler Wandel und Ethik. Ecowin-Verlag, Sept. 2020, S. 38-61 (Änderungen im Fettdruck).

[29] H. Breger: Leibniz' binäres Zahlensystem als Grundlage der Computertechnologie. In: *Jahrbuch der Akademie der Wissenschaften zu Göttingen 2008*. Berlin (De Gruyter), 2009, S. 385-391.

[30] E. C. Hirsch: Der berühmte Herr Leibniz. München (Beck), 2017, S. 333.

[31] C. Anderson: The End of Theory. The Data Deluge Makes the Scientific Method Obsolete. Wired, 23.06.2008. Online: https://www.wired.com/ 2008/06/pb-theory/ (letzter Zugriff: 06.08.2023).

[32] Ebd.

[33] Joh. 18, 38.

[34] Liessmann, Theorie der Unbildung, a.a.O.

[35] Ebd. S. 10.

[36] Ebd. S. 72.

[37] Ebd. S. 31.

[38] M. Jones: Reckoning with Matter. London (University of Chicago Press), 2016.

[39] S. Wolfram: What Is ChatGPT Doing… and Why Does It Work? Wolfram Media, 2023.

[40] W. A. Mozart: Anleitung so viel Walzer oder Schleifer, mit zwei Würfeln, zu componiren, so viel man will, ohne musikalisch zu seyn, noch etwas von der Composition zu verstehen. Johann Julius Hummel, Berlin-Amsterdam 1793.
[41]Nietzsche, a.a.O, S. 322 (Vom höheren Menschen).
[42] K. P. Liessmann: Günther Anders. München (Beck), 2002, S. 36.
[43] C. Frauenberger, P. Reichl: Was meint der Digitale Humanimus. In: G. Krause (Hg.): *Digitaler Humanismus in der Praxis*. Springer, 2023.
[44] Sollte das Interesse doch nicht zu zügeln sein, verweise ich gerne auf: Reichl, Eine kurze Geschichte der Technischen Informatik, a.a.O., bzw. auf die zugehörigen Videos unter https://tgi.guru
[45] Hier die Lösung: ENTWEDER A ODER B ist dasselbe wie (A UND NICHT-B) ODER (NICHT-A UND B). Beispiel: ENTWEDER „schwarz" ODER „weiss" = („schwarz" UND „nicht weiss") ODER („nicht schwarz" UND „weiss").
[46] J. W. von Goethe: Faust I. In: Ders., Goethes Werke, Band 3, Frankfurt (Insel), 1965, S. 42 (Studierzimmer).
[47] Ebd.
[48] Adorno, a.a.O., S. 180.
[49] M. Heidegger: Was heisst Denken? Frankfurt (Klostermann) 2002, S. 44.
[50] O. F. Bollnow: Existenzphilosophie und Pädagogik. Versuch über unstetige Formen der Erziehung. Kohlhammer, Stuttgart 1959, 5. Auflage 1977. Zur Rolle Bollnows im Dritten Reich vgl. das Gutachten des unabhängigen Historikers Dr. Paul Kahl (Erfurt): Otto Friedrich Bollnow in der NS-Zeit. Online: https://bollnow-gesellschaft.de/person/nationalsozialismus/? (letzter Zugriff: 21.08.2023).
[51] Ebd., S. 38.
[52] I. Kant: Was ist Aufklärung? Hamburg (Meiner), 1999, S. 20.
[53] M. Bense: Leibniz und seine Ideologie, in: Ders., Ausgewählte Schriften 1, S. 165ff. Stuttgart (Metzler), 1997.
[54] G. Bateson: Ökologie des Geistes. Frankfurt/Main, 1983, S. 488.
[55] A. Walsdorf: Die Leibniz-Rechenmaschine. Die Erfindungsgeschichte der dezimalen Vier-Spezies-Rechenmaschine von Gottfried Wilhelm Leibniz in Paris, „Projet de la machine d'Arithmétique". Hannover (Papierflieger Verlag), 2020.
[56] A. Walsdorf, K. Badur, E. Stein, F. O. Kopp: Das letzte Original. Gottfried Wilhelm Leibniz Bibliothek, 2014.

[57] F. Lenz (Hg.): Die schönsten 50 Märchen von Grimm, Bechstein, Hauff, Andersen. Hannover (Neuer Jugendschriften-Verlag), 1962.
[58] P. Reichl, H. Welzer: Achilles und die digitale Schildkröte: Thesen zu einer Digitalen Ökologie. In: Hengstschläger, M. (Hg.): *Digitaler Wandel und Ethik*. Ecowin-Verlag, Sept. 2020, S. 38-61.

DAS GUTE

Das Motto ist entnommen: Michael Funk, *Angewandte Ethik und Technikbewertung*, Wiesbaden (Springer Vieweg), 2022, S. V.
Der Abschnitt über Alan Turing erschien in leicht veränderter Form bereits in der Ausgabe vom September 2021 der Zeitschrift e-media.
Das „Capriccio" verarbeitet Motive des Romans *Homo faber* von Max Frisch, a.a.O. Beispielprogramme für die vorgestellten sogenannten esoterischen Programmiersprachen finden sich zuhauf im Netz. Die Sprache „Hohoho!" wurde vom Autor erstmals im Rahmen der Weihnachtsvorlesung 2017 an der Fakultät für Informatik der Universität Wien vorgestellt, siehe: P. Reichl, S. Claus, *"Oh Tanenbaum, oh Tanenbaum…": Technical Foundations of Xmas 4.0 Research*, arXiv:1712.06259, Dez. 2017.

[59] S. Kierkegaard: Entweder-Oder. Teil I und II. München (dtv), 1988.
[60] vgl. I. Kant: Kritik der Urteilskraft. Hamburg (Meiner), 1990, S. 47 [15].
[61] J. Sløk, Christentum mit Leidenschaft. Ein Weg-Weiser zur Gedankenwelt Søren Kierkegaards. München (Kaiser), 1990.
[62] S. Kierkegaard: Entweder-Oder, a.a.O.
[63] Liessmann, Theorie der Unbildung, a.a.O., S. 19.
[64] Nicht zuletzt trägt eines von Kierkegaards Hauptwerken, in dem er diese Entwicklung beschreibt, den Titel „Stadien auf des Lebens Weg".
[65] Sløk, a.a.O., S. 36f.
[66] Ebd.
[67] Zuboff, a.a.O.
[68] C. O'Neill: Weapons of Math Destruction. Penguin Books, 2016.
[69] P. Salden, J. Leschke (Hg.): Didaktische und rechtliche Perspektiven auf KI-gestütztes Schreiben in der Hochschulbildung, 2023, DOI: 10.13154/294-9734
[70] Sløk, a.a.O.
[71] Liessmann: Günther Anders, a.a.O., S. 37

[72] Ebd., S. 37f.
[73] G. Anders: Die Antiquiertheit des Menschen 1. München (Beck), 1956, S. 21ff.
[74] Ebd.
[75] Anders, Die atomare Drohung, a.a.O., S. 96.
[76] J.J. Thomson: The Trolley Problem. The Yale Law Journal, vol. 94 no. 6 (Mai 1985), S. 1395-1415.
[77] M. Funk: Roboter- und KI-Ethik. Wiesbaden (Springer), 2022, S. 95f.
[78] I. Kant: Kritik der praktischen Vernunft. Hamburg (Meiner), 1990.
[79] www.moralmachine.net (zuletzt aufgerufen: 07.09.2023).
[80] E. Awad, S. Dsouza, R. Kim et al.: The Moral Machine Experiment. Nature 563 (7729), S. 59–64, 24. Oktober 2018.
[81] Kant, Kritik der praktischen Vernunft, a.a.O., S. 63.
[82] S. Kierkegaard: Der Begriff Angst. Frankfurt (Europäische Verlagsanstalt), 1984, S. 82
[83] O'Neil, a.a.O.
[84] Persönliche Mitteilung. Vgl. auch: M. Göpel: Unsere Welt neu denken. Berlin (Ullstein), 2020.
[85] M. Probst: Klimawandel. Der Schock, wenn alles plötzlich ganz einfach erscheint. Die ZEIT, 5. April 2019.
[86] A. Hodges:Alan Turing. The Enigma. Simon&Schuster, 1983.
[87] https://www.derstandard.at/story/2000070883603/long-island-iced-tea-aktienkurs-explodiert-nach-umbenennung-auf-long
[88] https://www.next-mobility.de/bis-zu-300-millionen-zeilen-code-trinity-wird-komplexer-als-manches-flugzeug-a-1100203/
[89] IEC 62304 Amendment 1, 2015.
[90] R. Wills: „Light Years Ahead – The Apollo Guidance Computer". Online: https://www.youtube.com/watch?v=B1J2RMorJXM (zuletzt aufgerufen: 10.08.2023).
[91] G. Anders: Der hippokratische Eid. Erwägungen zum Problem des „Produktstreiks" (1963). In: Ders., *Die atomare Drohung*, a.a.O., S. 137f.
[92] Ebd.
[93] Anders, Antiquiertheit 1, S. 15 et passim. Ders., Übertreibungen in Richtung Wahrheit, München (C. H. Beck), 2002.
[94] https://www.heise.de/news/Militaer-Projekt-Maven-Hunderte-Wissenschaftler-unterstuetzen-protestierende-Google-Mitarbeiter-4050834.html

[95] S. Spiekermann: Sechs Monate Ethik-Diät für GPT? Nur ernsthaftes Abnehmen macht Sinn. In: Blog „Die ethische Maschine", Der Standard, 30. März 2023. URL: https://www.derstandard.at/story/2000145057027/ (zuletzt aufgerufen: 04.08.2023).
[96] C. W. Morris (Hg.): Grundlagen der Zeichentheorie, Ästhetik der Zeichentheorie. Frankfurt (Fischer) 1988, S. 23f.

DAS SCHÖNE

Das Motto des Kapitels findet sich in: Bertrand Russell, *Mysticism and Logic and other essays,* London (George Allen & Unwin Ltd), 1959, S.60.
Der Abschnitt über Antonius Braun erschien in gekürzter Form bereits in der Ausgabe vom März 2020 der Zeitschrift e-media.
Das Gedicht „Archaïscher Torso Apollos" von Rainer Maria Rilke ist hier geringfügig bearbeitet. Die Abbildung auf der gegenüberliegenden Seite stellt den sog. „Torso vom Belvedere" aus den Vatikanischen Museen dar, welcher nach Ansicht von Teilen der Fachwelt Rilke zu seinem Gedicht inspirierte (vgl. G. Höhler: Götterfühlung. In: M. Reich-Ranicki (Hg.): *1000 Deutsche Gedichte und ihre Interpretationen.* Frankfurt (Insel), 1994, S. 336).

[97] Byung-Chul Han: Die Errettung des Schönen. Frankfurt (Fischer), 2015, S. 9ff.
[98] Ebd.
[99] I. Kant: Kritik der Urteilskraft. Hamburg (Meiner), 1990.
[100] G. H. Hardy: A Mathematician's Apology. Cambridge (Cambridge University Press), 1940.
[101] M. Bense: Konturen einer Geistesgeschichte der Mathematik II. Die Mathematik in der Kunst (1949). In: Ders., *Ausgewählte Schriften Band 2*. Stuttgart (Metzler), 1988.
[102] J. P. King: The Art of Mathematics. New York (Ballantine), 1992, S. 181.
[103] Um die kleinste Zahl zu finden, braucht man 7 Vergleiche, für die nächstgrößere noch 6 usw., d.h. insgesamt 7+6+5+4+3+2+1 = 28.
[104] D. Brown: The Da Vinci Code. London (Corgi) 2004, S. 91 (chpt. 11).
[105] King, a.a.O., S. 183f. Hier wird die Lösung des nachfolgenden Problems dem ungarisch-amerikanischen Mathematiker Paul Halmos (1916-2006) zugeschrieben.
[106] Reichl, Eine kurze Geschichte…, a.a.O.

[107] Mündliche Mitteilung Johann Josef Böker, vgl. Ders., *Architektur der Gotik*, Salzburg (Müry Salzmann), 2005.
[108] G. Dyson: Turings Kathedrale. Die Ursprünge des digitalen Zeitalters. Berlin (Ullstein), 2014.
[109] https://www.europarl.europa.eu/resources/library/media/20190416RES41665/20190416RES41665.pdf (zuletzt aufgerufen: 06.08.2023)
[110] H. Jonas: Prinzip Verantwortung. Frankfurt (Suhrkamp) 1984, S. 53.
[111] N. Bostrøm, Superintelligenz. Szenarien einer kommenden Revolution. Berlin (Suhrkamp), 2014.
[112] H. Arendt: Vita activa. München (Piper), 1981, S. 19.
[113] Han, Die Errettung des Schönen, a.a.O., S. 73.
[114] B. Pörksen: Die große Gereiztheit. München (Hanser), 2018, S. 7ff.
[115] Landesanstalt für Medien NRW: Forsa-Studie Hate Speech 2023. Online: https://www.medienanstalt-nrw.de/themen/hass/forsa-befragung-zur-wahrnehmung-von-hassrede.html (zuletzt aufgerufen: 22.08.2023)
[116] P. Reichl et al.: What You Pay Is What You Get? Fundamentals of Charging Internet Services Based on End User Quality of Experience. In: Quality and User Experience (2018) 3:5, S. 1–20, Springer, 2018. https://doi.org/10.1007/s41233-018-0018-9.
[117] R. Wagner: Tristan und Isolde. Partitur. Leipzig (Edition Peters No. 3448), 1915, S. 383ff.
[118] K. Stoyanov: Survival Bulgarian. The shortest way to the Bulgarian language. Sofia, 2000, S. 11f.
[119] M. Habacher: Mathematische Instrumentenmacher, Mechaniker, Optiker und Uhrmacher im Dienste des Kaiserhofes in Wien (1630–1750). In: J. Nagler, *Blätter für Technikgeschichte*, Band 22. Wien (Springer), 1960, S. 61.
[120] R. M. Rilke: Die Gedichte. Frankfurt (Insel), 1992, S. 503.

DER MENSCH

Das Motto wird vielfach Warren Bennis zugeschrieben, z. B. in "The Manager's Book of Quotations" 1989. Teile des Kapitels erschienen in geänderter Form erstmals in der Fachzeitschrift Praxis PalliativeCare 43/2019, S. 19-22, als Teil der Sonderausgabe „Kon-texte der Sorge". Der Abschnitt über Curt Herzstark erschien in leicht gekürzter Form bereits in der Ausgabe vom Juli/August 2020 der Zeitschrift e-media. Der „Chorus mysticus" ist eine leicht adaptierte Version der gleichnamigen Schlussverse aus Goethes Faust II.

[121] J. Kirchhoff: Kopernikus. Hamburg (rororo), 1985, S. 143.
[122] S. Freud: Eine Schwierigkeit der Psychoanalyse. In: Imago. Zeitschrift für Anwendung der Psychoanalyse auf die Geisteswissenschaften. Bd. V, 1917, S. 1–7.
[123] C. Frauenberger, P. Purgathofer: Responsible Thinking. Education Future Technologists. In: Proc. CHI 2019. New York (ACM), 2019.
[124] M. Kranzberg: Technology and History – „Kranzberg's Laws". In: Technology and Culture. 27 (3), Juli 1986, S. 544–560. doi:10.2307/3105385
[125] G. Anders: Die Antiquiertheit des Menschen 2. München (Beck), 1980, S. 126.
[126] F. Bányai, Á. Zsila, O. Király et al.: Problematic Social Media Use: Results from a Large-Scale Nationally Representative Adolescent Sample. PLOS ONE 12(1): e0169839. https://doi.org/10.1371/journal.pone.0169839, 09.01.2017. Die Studie beruht auf der *Bergen Social Media Addiction Scale* (Andreassen et al., 2012), welche sich an den sechs „Hallmarks" einer Sucht (Präokkupation, Entzugserscheinungen, Toleranz, Reduktion anderer Aktivitäten, negativer Einfluss, wiederholtes Scheitern beim Versuch, die Nutzung einzuschränken) orientiert und von 5.961 ungarischen Jugendlichen (9./10. Schulklasse) 4,5% als „at-risk" einstuft.
[127] A. Westbrook, A. Ghosh, R. van den Bosch et al.: Striatal dopamine synthesis capacity reflects smartphone social activity. iScience, 02.05.2021; 24(5):102497. doi: 10.1016/j.isci.2021.102497. PMID: 34113831; PMCID: PMC8170001. Der Autor dankt seiner Kollegin Frederike Petzschner für diesen und den vorigen Hinweis.
[128] K. Brunnström et al.: Qualinet White Paper on Definitions of Quality of Experience. 2013. Online: https://hal.science/hal-00977812.
[129] P. Reichl: Quo vadis, digitale Welt? Plädoyer für eine Antikopernikanische Wende. Antrittsvorlesung an der Universität Wien, 4. Mai 2015. Online: https://informatik.univie.ac.at/fileadmin/user_upload/i_cosy/cv_reichl/Antrittsvorlesung_Reichl_UNIVIE.pdf (letzter Zugriff: 21.07.2023).
[130] Wiener Manifest für Digitalen Humanismus. Mai 2019. Online: https://caiml.org/dighum/ (letzter Zugriff: 21.07.2023)
[131] Humboldt, a.a.O., S. 6f.
[132] B. Latour: Wir sind nie modern gewesen. Berlin (Suhrkamp), 2008.
[133] K. Barad: Agentieller Realismus. Berlin (edition unseld), 2012.

[134] C. B. Frey, M. A. Osborne: The Future of Employment. Oxford, Sep 17, 2013. Online: https://www.oxfordmartin.ox.ac.uk/downloads/academic/ The_Future_of_Employment.pdf, zuletzt abgerufen: 31.07.2023.
[135] https://www.bmbwf.gv.at/Themen/HS-Uni/Hochschulgovernance/Steuerungsinstrumente/Universitätsfinanzierung.html (letzter Zugriff 20.08.2023).
[136] vgl. Liessmann, Theorie der Unbildung, a.a.O.; Ders., Geisterstunde. Die Praxis der Unbildung, Wien (Zsolnay), 2014; Ders.: Bildung als Provokation, Wien (Zsolnay), 2017.
[137] P. Reichl: Diesseits von Gut und Böse. Digitaler Humanismus und Philosophische Anthropologie. In: J. Fritz, N.Tomaschek (Hg.): *Digitaler Humanismus.* Münster (Waxmann), 2020.
[138] Reichl & Welzer, a.a.O., S. 38-61.
[139] Frauenberger & Reichl, a.a.O.
[140] P. Reichl, Bit – Mensch – Welt: Zur Dialektik der Digitalen Sorge. Praxis PalliativeCare 43/2019, S. 19-22, Juni 2019.
[141] B. Stigler: Die Logik der Sorge. Verlust der Aufklärung durch Technik und Medien. Frankfurt (Suhrkamp, edition unseld), 2008.
[142] Ebd.
[143] P. Reichl: Der Fukushima-Moment in den sozialen Netzwerken. Wiener Zeitung, Gastkommentar, 8. August 2022.
[144] Neue Ermittlungen im Fall Kellermayr aufgenommen. Der Standard, 20.07.2023. Online: https://www.derstandard.at/story/3000000179882/neue-ermittlungen-im-fall-kellermayr-aufgenommen (zuletzt aufgerufen: 27.08.2023).
[145] Sophokles: Antigone. Griechisch/Deutsch. Stuttgart (Reclam) 1981, S. 31 (Vers 332f.).
[146] Han, Errettung des Schönen, a.a.O.
[147] Reichl, Bit – Mensch –Welt, a.a.O.
[148] Byung-Chul Han: Im Schwarm. Ansichten des Digitalen. Berlin (Matthes & Seitz), o.J., S. 43.
[149] S. Kierkegaard: Stadien auf des Lebens Weg. Simmerath (Grevenberg), 2004.
[150] Reichl, Bit – Mensch – Welt, a.a.O.
[151] M. Heidegger: Sein und Zeit. Tübingen (Niemeyer), 1986, S. 180-230.
[152] Liessmann, Günther Anders, a.a.O., S. 30.
[153] Frauenberger & Reichl, a.a.O.

[154] Chr. J. Müller: Prometheanism. Technology, Digital Culture and Human Obsolescence. London 2016, S. 121ff.
[155] P. Fleissner, W. Hofkirchner, H. Müller, M. Pohl, C. Stary: Der Mensch lebt nicht vom Bit allein... Wien (Peter Lang), 1998.
[156] Liessmann, Theorie der Unbildung, a.a.O., S. 57f.
[157] vgl. Reichl, Eine kurze Geschichte…, a.a.O., S. 41ff.
[158] https://www.bmk.gv.at/dam/jcr:f2f7a973-8aa4-4be8-9a6b-0c7c44e-73ce4/white_paper_robotikrat.pdf (letzter Zugriff: 07.08.2023).
[159] oder eine ähnliche, denn bisweilen ist für diesen Augen-blick auch der Pariser Louvre im Gespräch.
[160] R. M. Rilke: Die Gedichte. Frankfurt (Insel), 1986, S. 503. Die im folgenden Text kursiv gesetzten Zitate daraus alle ebd.
[161] P. Sloterdijk: Du mußt dein Leben ändern. Frankfurt (Suhrkamp) 2012, S. 42ff.
[162] J. Odell: Nichts tun. Die Kunst, sich der Aufmerksamkeitsökonomie zu entziehen. München (Beck), 2021.
[163] Reichl, Diesseits von Gut und Böse, a.a.O.
[164] H. Zemanek: Vom Mailüfterl zum Internet. Wien (Picus), 2001.
[165] J. W. von Goethe: Faust II. In: Ders., *Werke Band 3.* Insel-Verlag, o.O., o.J., S. 341.

Epilog

Der Epilog verarbeitet einen Tagebucheintrag aus *Homo faber* von Max Frisch. Der erwähnte Brief von Max Frisch und Günther Anders, der den ersten Teil seines Hauptwerks *Die Antiquiertheit des Menschen* 1956, also ein Jahr vor *Homo faber*, veröffentlichte, ist fiktiv.
[166] M. Frisch, a.a.O., S. 169f.
[167] Ebd.
[168] Ebd.
[169] Ebd., S. 203 (letzter Satz des Romans)

Peter Reichl
studierte Mathematik, Physik und Philosophie in München und Cambridge und absolvierte sein Doktorat in Informatik in Aachen und an der ETH Zürich. Seit 2013 forscht und lehrt er an der Fakultät für Informatik der Universität Wien. Hier beschäftigt er sich mit einem breiten Themenspektrum vom Internet bis zum Quantencomputing. Dabei liegen ihm vor allem die gesellschaftlichen Auswirkungen des Digitalen Wandels am Herzen, wenn er nicht gerade als Klavierbegleiter bei Opernabenden aller Art auftritt und so die Konzertpodien dieser Welt unsicher macht.

Bibliografische Information der Deutschen Nationalbibliothek
Die Deutsche Nationalbibliothek verzeichnet die Publikation in der Deutschen Nationalbibliografie; detaillierte bibliografische Daten sind im Internet über http://dnb.de abrufbar.

2. Auflage 2024

Salzburg – Wien
Lektorat: Mona Müry
Gestaltung: Müry Salzmann Verlag
Druck: GGP Media GmbH, Pößneck
ISBN 978-3-99014-247-9
www.muerysalzmann.com

www.muerysalzmann.com